KB254172

취업학개론

취업학개론

철수·존슨 지음

달
북

이제부터 이어질 내용은 〈철수와 존슨의 취업학개론〉의 실제 방송내용을
재구성한 것으로 다수의 욕설 및 적나라한 표현이 포함되어 있을 수 있습니다.

철수와 존슨,
그들이 말한다

전 세계 최초 취준생의, 취준생에 의한, 취준생을 위한

리얼 취업시한부 방송, 〈취업학개론〉의 두 진행자, 철수와 존슨.

"보았노라, 썼노라, 떨어졌노라!" 서류전적 100전 100패의 미친 신화!

이제부터 그들의 이야기가 시작된다.

철수   안녕하십니까. 전국에 계신 취준생 여러분! 저는 한때 국내 최대 금융그룹 소속으로 견마지로를 다하고 현재는 취업 준비 중인, 정제된 지상파 라디오 출연과 무한도전 등장 경력을 가진 베테랑 취업준비생 김철수입니다.

존슨   네, 저는 대한민국 취업계의 대통령 린든 존슨입니다.

철수   저 같은 경우는, 그 뚫기 어렵다는(!) 상반기 공채로 금융그룹에 들어가 1년 가까이 일을 했으나, 현재는 적성과 더 나은 꿈을 위해서 취업 준비 중인 유망주이죠.

존슨   더 나은 꿈을 위해서 취업을 다시 하겠다는 건 대체 무슨 생각이냐?

철수 취업은 과정이고 더 나은…… 난 사실 생각하는 게 있기 때문에…… 암튼, 나는 취업준비생이라도 그냥 취업준비생이 아니라고! 베테랑이이야, 베테랑.

존슨 돌아온 취업준비생이지.

철수 그러면 존슨은?

존슨 취업계의 대통령, 이게 다 이유가 있습니다. 제가 일단 면접에 들어갔다 하면 95% 이상의 성공률을…… 뭐 물론 서류에서 많이 떨어지긴 하지만…… 서류만 통과하면 인적성에서도 아주 괄목할 만한 성과를 거둔 바 있고.

철수 나는 사실 이게 한국사회의 문제라고 생각하는 거야.

존슨 그렇지. 인사 시스템의 구멍이지. 아무튼 저는 그러니까 철수와는 다른 위치에서…… 취준생들을 위해 조언해준다는 생각으로 임하겠습니다.

철수 사실 니가 나한테 조언해줄 입장은 아니지! (웃음) 자, 말 나온 김에 우리의 스펙을 한번 까보자고, 간략하게.

존슨 나는 뭐 취업계의 대통령다운 스펙을 가지고 있지. 일단 학교는 스카이 중 하나, 토익은 900점이 넘고. 언론 쪽 전공. 학점은 4.5점 만점에 3.29야.

철수 거기서 일단 학교가 좁혀졌네. 연대는 4.3이 만점이잖아? (웃음)

존슨	아 그래? 그래, 내가 서울대였으면 굳이 스카이라고 통칭하지 않았 겠지. (웃음)

철수	근데 학점을 3.5 이상 요구하는 기업들이 꽤 있잖아.

존슨	그렇지. 학점이 나한테는 좀 족쇄랄까. 암튼 학점은 그렇고. 자격증 은 전혀 없고, 심지어 면허증도 없어. 그리고 봉사활동 경력도 없고.

철수	그나마 인턴이랑 회사 경력이 있는 거지? 너 몇 개였지? 세 개지?

존슨	네 개도 쓰려면 쓸 수 있어.

철수	……왜 네 개야?

존슨	니가 모르는 인턴 경험이 하나 더 있어. (웃음)

철수	이 시키 이거 진짜 취업의 노예였네.

존슨	군대 가기 전에 내가 휴학을 하고 3, 4개월 동안 홍보대행사 인턴 을 했었지. 그러니까 그 홍보대행사 인턴, H건설 홍보팀 정규직, SK 그룹 마케팅 회사 인턴. 인턴 두 개, 정규직 하나. 그리고 또 최근에 그만둔 정규직…….

철수	아, 그 신의 직장…….

존슨	……그 얘기는 이쯤 할까? (웃음)

철수	스피킹은 어때?

존슨	스피킹은 내가 오픽(OPIC) IH 받았는데 만료가 돼서 오픽 보는 기 업은 쓸 수가 없어. 근데 오픽 너무 비싸지 않냐? 6, 7만 원 하잖아.

철수 X같지. 자, 이제 그럼 이제 내 스펙을 공개하겠습니다. 서울 중위권 대학의 행정학 전공.

존슨 행정학과면 괜찮지 않나?

철수 전혀. 인사팀 빼고는 우대하는 데가 없어.

존슨 그래?

철수 딱 인사 쪽에서만 원하는 전공이야. 암튼 행정학과를 졸업하고 학점은 정확하게 3.52. 뭐 보통 수준이고, 영어성적은 토익 835점. 830점 이상 요구하는 데는 턱걸이 하는 거고, 스피킹은 오픽 IM3. 그리고 경력사항이 세 개 정도.

존슨 토익 스피킹을 보지, 왜 오픽을 봤어? 토익 스피킹이 더 좋다고 그러던데?

철수 오픽이 더 쉽잖아. 근데 오픽보다 토익 스피킹을 보는 데가 더 많은 거 같더라고. 암튼 난 경력사항이 세 개 있는데 하나는 2010년, 당시 출판사 대표인 친구가 시켜준 편집장 감투.

존슨 편집장은 무슨. 사무실 공용화장실 수도꼭지에서 샤워하던 색기가. (웃음)

철수 무슨 소리야. 명함에도 편집장 딱 찍혀 있었어. 뭐, 명함이야 파기만 하면 되는 거니까. (웃음) 암튼 당시 출판사 대표는 지금 연락이 두절됐고. 사실 문제가 서로 좀 있었지만 덕분에 좋은 경력을 쌓은 건 맞지. 아, 그리고 나는 책 낸 경력도 있잖아? 뭐 물론, 내가 요즘 여기 저기 수소문하면서 자체 수거 중이긴 하지만…… 그 뭐냐, 내 작은 치부랄까? (웃음)

존슨　출판계의 〈성냥팔이 소녀의 재림〉이라는 평가가 있어. (웃음)

철수　(웃음) 암튼 그다음에 작은 신생 잡지사에서 인턴 에디터를 했고.

존슨　거기 얼마나 있었어?

철수　3개월 정도.

존슨　꽤 했네. 너 거기서 일본도 공짜로 갔다 왔잖아.

철수　아, 그럼. 그런 것도 간간히 쓰고. 마지막 경력은 최근 국내 최대 금융그룹 중 하나에서의 정규직 경력. 자격증 같은 경우는 운전면허 1종 보통. 2종 자동이 아니야.

존슨　그거 굉장하구만!

철수　(웃음) 아, 그리고 최근에 하나 감투 얻어 쓴 동아일보 청년드림센터의 자문위원! (웃음)

존슨　야 명함 하나 파. (웃음)

철수　암튼 이렇게 우리 스펙을 공개했는데, 사실 취준생들의 스펙트럼에서 나름 상위를 점하고 있는 존슨한테도 취업은 쉬운 게 아니라는 점. 그걸 짚고 넘어가고 싶네.

존슨　그러니까. 나도 몇십 개, 백 몇 개 넣어도 막 떨어지잖아. 취업 전쟁이라고 하는데 이게 누구한테도 쉬운 일이 아니라는 거, 나는 그걸 좀 말하고 싶어.

철수 친척들이나 지인들 보면 누구는 어디 학교 나왔으니까 어디 좋은 직장 갈 거라 생각하는데, 사실은 그게 아니잖아? 취업준비생들 스스로 누구보다 잘 알고 있고. 다들 뭐 생존을 위한 몸부림이지. 언젠가 되겠지 하는 막연한 생각도 하지만 현실은 그렇지 않고…….

존슨 학교 홈페이지 같은 데 들어가 보면 단적으로 막 그런 말들이 있더라고. 너는 K대 나와서 고작 거기밖에 못 가느냐. 그런 말 하는 사람들한테 현실을 조금 알려주고 싶은 거지. 고스펙자들도 우르르 떨어지는 게 현실이라고.

철수 그래도 너는 결국 취업에 성공했고. 이제 나만 남은 건가? (웃음) 나는 사람들이 어떻게 지내냐고 물을 때마다, 아…… 난감해. 뭐 나름 취미 활동도 하고, 여행도 다니고 있다고 하는데. 근데 그런 생각도 들더라고. 죽을 때까지 일을 할 텐데 그중에서 몇 개월 더 마음 편히 노는 걸 눈치 보고 불편해하면 그게 좀 슬픈 일인 것 같기도 하고. 암튼 그래서 더 재미있게 놀려고 노력 중이야.

존슨 말은 이렇게 하면서 맨날 소주 마시고…… 너 집에 있을 때 전화하면 진짜 모기만 한 목소리로 받잖아. 엄마 눈치가 보이나. (웃음)

철수 아니야. 그냥 자고 있거나 누워 있어서 그런 거지. (웃음) 암튼, 나는 이 지루하고 재미없는 취업의 과정을 그래도 좀 재미있게 가져가 보자는 거야. 취업 얘기하면 막 친구끼리도 숨기기 급급하고 그런 게 좀 안타까워. 그렇다고 사실 어디 편하게 얘기할 데도 없고. 부모님한테 오늘 면접 갔는데 잘 못 봤다, 그러겠어? 그러니까 여기 이 자리에서만큼은 그냥 편하고 유쾌하게 다 얘기하면서 마음의 짐을 덜어놓고 그랬으면 좋겠다는 생각이야.

존슨 그래서 〈취업학개론〉의 제1콘셉트가 '뭐든 다 까자'가 된 거잖아. 솔직하게 다 까면서 스트레스나 억눌렸던 거를 해소할 수 있는 웃음을 함께 공유하자는 거지. 우리가 뭐 취업 전문가는 아니니까 어떤 전문적인 정보를 줄 수는 없어도, 사실 취업준비생들이 진짜 궁금해하는 것들은 면접 후기나 그런 것들이잖아? 우리 경험 얘기하는 거 자체가 어쩌면 가장 중요한 정보가 될 수도 있는 거고.

철수 아, 우리 〈취업학개론〉 방송 듣고 고맙다면서 남긴 코멘트가 있었잖아? '아, 나보다 더 떨어지는 애들이 여기 있구나.' 이런 뭔가 동질감이나 공감을 우리한테서 느낀다고. (웃음) 사실 취업을 준비하다 보면 수시로 심경의 변화가 생기잖아. 졸업을 앞두고 처음 쓸 때는 '잘 될 거야' 하는 어떤 자신감이 그래도 있는데, 그게 시간이 지나면서 거의 바닥으로 떨어지고 우울해지다가 어디 한 군데 되면 또 잠깐 기뻤다가. 또다시 막 자괴감에 빠지기도 한다고. 그런 취준생들한테 우리 〈취업학개론〉이 그래도 동질감도 주고 웃겨주기도 하고 그렇다는 거. 취업 프로세스상의 문제나 부조리, 이런 것들에 대해서도 같이 욕도 좀 시원하게 하고 말이야.

존슨 맞아, 대단한 방송이야. (웃음) 그리고 나는 이 취업이라는 것에 대해서도 좀 생각해보는 시간을 가졌으면 좋겠는 게, 내가 첫 회사를 나오면서 들었던 생각이 그거야. 취업이라는 것 자체에 맹목적으로 매달리는 불쌍한 청춘들이 우리라는 거. 아무 생각 없이 4학년 졸업할 때쯤 되니까 친구들이 회사 막 쓰기 시작하고, 그러다 나도 휩쓸려서 막 쓰고…… 대부분 보면 별 생각 없이 남들 다 가는 대학 가고 군대 가고 어학연수 가고. 취업도 그런 무사안일주의의 연장선상은 아닌가…… 취업이 끝이 아니잖아. 근데 취업이 인생의 최종목표인 것처럼 전부 다 눈이 벌게져서 매달리다 보니까 '정말 하고 싶은 게 뭘까' 하는 기본적인 문제, 그거에 대해서 생각해보지도 않고. 사실 그게 제일 중요한 건데. 그러니까 취업 1~2년 유예를 하더라도 자기 자신이 진짜 하고 싶은 일이 뭔지에 대해 생각해보는 시간을 가질 수 있었으면 좋겠어.

철수 그치. 취업을 막상 딱 하게 되면, 거기서부터 펼쳐지는 현실은 진짜 X같은 건데. 취업이 전부라는 꿈에서 깨야지. 진짜 꿈을 꾸려면.

존슨 암튼, 본격적으로 '취업학개론' 한번 시작해보지.

입사지원서

지원분야	가리지 않음
성명	철수
주민등록번호	850216-1×××××
희망연봉	3000만

현주소	서울시 양천구 ○○○	자택전화번호	010-××××-××××
본적	충북 ○○○	휴대폰	010-××××-××××
E-mail	jobslaves@daum.net	페이스북 or 기타 SNS	facebook.com/jobslaves85

학력	2003년 02월	M외국어 고등학교	졸업	전학년 성적 평균 (예 : 3.2 / 4.5)
	2011년 08월	'중경외시' 행정 학과	졸업	3.5 / 4.5
		대학원 학과 졸업 · 졸업예정		

외국어	종류	OPIc	TOEIC	취미	독서, 검도
	공인점수	IM3	825		
	구사능력	중	중	특기	그림그리기

병역	필(계급 : 병장)	활용 가능 프로그램 및 숙련도	MS-Office 및 한글 업무에 활용 가능한 정도
복무기간	2005. 6. 22 - 2007. 6. 21		
면제사유			
신체사항	신장 175 cm 체중 65 kg		
	시력 좌 0.7 우 0.7		
결혼여부	미혼 보훈대상 비대상		

해외여행(연수)경험	국가	영국	기간	2004.08-2004.08	내용(간략히)	영국 지역 배낭여행
		캐나다		2007.08-2007.08		캐나다 서부 배낭여행
		일본		2011.04-2011.04		규슈 지역 취재 목적 방문

경력	근무기간	근무처	직위	담당업무	급여(연봉)	퇴직사유
	2013.03~2013.08	D 일보-청년드림센터	자문위원	아이디어 기획, 강연 및 기고	–	–
	2011.07~2012.03	S 은행	행원	금융상담 및 영업	4.500(만)	이직희망
	2011.03~2011.06	T 잡지사	인턴	기사 기획 및 취재	–	기간만료
	2010.01~2010.08	B 출판사	부장	출판기획, 제의 및 영업	1,200	학업

<table>
<tr><td rowspan="4">[사진]</td><td rowspan="4" style="text-align:center">입사지원서</td><td>지원분야</td><td>재밌는 거</td></tr>
<tr><td>성명</td><td>존슨</td></tr>
<tr><td>주민등록번호</td><td>850216-1×××××</td></tr>
<tr><td>희망연봉</td><td>2,370만</td></tr>
</table>

현주소	서울시 마포구 ○○○	자택전화번호	010-××××-××××
본적	모름	휴대폰	010-××××-××××
E-mail	jobslaves@daum.net	페이스북 or 기타 SNS	facebook.com/jobslaves85

학력	2003년 02월	M외국어 고등학교 졸업		전학년 성적 평균 (예 :3.2 / 4.5)
	2012년 02월	K대학교 신문방송 학과 졸업		
		대학원 학과 졸업 · 졸업예정		3.29 / 4.5

외국어	종류	OPIc	TOEIC	취미	독서, 영화감상
	공인점수	만료	920		
	구사능력	상당함	대단함	특기	노래, 기타연주

병역	필(계급 : 병장)				활용 가능 프로그램 및 숙련도	MS-Office 및 한글 숙련도가 굉장함
복무기간	2006.08.22 - 2008.08.09					
면제사유						
신체사항	신장	178 cm	체중	68 kg		
	시력	좌 1.2				
		우 1.2				
결혼여부	기혼	보훈대상	비대상			

해외여행 (연수) 경험	국가	영국	기간	2008.08-2009.02	내용 (간략히)	어학연수 및 여행
		홍콩		2010.12-2011.01		지인 방문 및 여행
		호주		2011.12-2012.01		여행

경력	근무기간	근무처	직위	담당업무	급여(연봉)	퇴직사유
	2011.12~2012.08	K 석유화학	사원	해외영업	3,800만	개인사유
	2011.05~2011.08	S 마케팅	인턴	마케팅	1,200만	개인사유
	2010.05~2010.08	H 건설	사원	홍보	3,800만	개인사유
	2006.02~2006.06	M 홍보대행사	인턴	홍보대행	1,000만	개인사유

Contents

1부 / 철수와 존슨의 **취업 도전기** 리얼 생중계

Part 1 | 보았노라, 썼노라, 떨어졌노라! [서류 전형]

Part **2** 이런 게 바로 사필귀'탈'! [인적성 · 면접 후기]

Part 4 | 철수와 존슨의 촌철살인

1부

철수와 존슨의
취업 도전기
리얼 생중계

탈락, 도전, 탈락, 도전, 탈락, 도전… 거침없이 공개하는 우여곡절 취업 다이어리

"취준생 여러분, 우리 함께 건승합시다!"

보았노라,
썼노라,
떨어졌노라!

[서류 전형]

하반기 공채,
삼성과 함께 시작되다

존슨 자, 취업학개론 시작합니다!!

철수 아우!!

존슨 그럼, 우리 뭐부터 시작해야 하나?

철수 뭘 그런 걸 묻고 있어. 무조건 삼성이지. 자, 삼성 공채부터 썰을 풀어볼까?

존슨 아니, 왜 뜬금없티 삼성부터야?

철수 야 이 시키야, 원래 이쪽 바닥에서는 '공채의 시작은 삼성이요, 끝은 롯데다'란 말이 있어. 기간상으로 삼성이 제일 먼저 시작하잖아.

존슨 처음 듣는 말인데.

철수 있다면 있는 거야. 근데 2013 상반기에는 삼성이 전형의 변화를 좀 주면서 좀 늦게 시작했지.

존슨 취업 1년 준비하더니 전문가 다 됐구만. 암튼 삼성 지원하려면 뭐가 필요하지?

철수 우선 삼성은 증명사진조차도 필요가 없어. 사진을 제출할 필요가 없더라고.

존슨 아 그래? 너한텐 좀 유리하게 작용할 수 있겠는데? (웃음)

철수 무슨 돼먹지 못한 소리야? (웃음)

존슨 (웃음) 근데 좀 너무 혁신적인 거 아닌가?

철수 약간 외국식이지. 게다가 삼성은 토익 점수를 보지 않아. 상대적으로 쉬운 말하기 성적만 내면 돼. 졸라 선진적이야. 나는 이건 혁신적이라고 봐. 일단 말하기 점수는 문과생들이라면 오픽 IM등급 이상만 맞으면 무차별이야. 서류에서는.

존슨 솔직히 요즘 오픽도 굴러가는 게 거의 토익이랑 비슷해지는 경향이 있어. 요즘은 뭐 거의 정형화돼서 나오더만. 패턴이.

철수 그래도 나는 토익 같은 객관식 시험보다는 오픽이 나은 거 같아.

존슨 뭐 둘 다 지표가 될 수는 있지. 토익도 아무 의미 없지는 않잖아? 점수 높으면 좋은 거고.

철수 아니, 근데 너무 그 기준점이 높아졌다는 게 문제지. 나는 한 700 정도가 적당하다고 보거든. 700만 넘으면 뭐. 솔직히 인사총무팀 이런 데서 토익 900 넘는 인재가 왜 필요한 거냐고. 700만 되면 무슨 일이든지 할 수 있지. 사실 너 취업하고 나서 무슨 대단한 일 하는 거 아니잖아? 너도 이 시키, 고스톱 쳤다며?

존슨 고스톱은…… 할 수밖에 없는 거야. (웃음)

철수 회사 업무 시간에 이 시키가.

 존슨 너도 거기 금융그룹 있을 때 안 했냐?

철수 고스톱은 아니고 나는 그…….

존슨 지뢰 찾기? (웃음)

철수 뭐 간단한 게임은 가끔 했지. (웃음) 아무튼 난 그러면서 든 생각이 뭐냐 하면, 아니 씨바 이런 일 할 거면 우리에게 영어를 시킨 이유가 뭔가. 그렇게 두세 달 회사 다니면 죽자고 공부한 영어도 다 까먹어, 사실.

존슨 그래도 그런 게 필요한 데도 있어. 이메일 주고받을 때, 그러니까 대기업 정도 되면 해외랑 커넥션이 많다고. 그런 기본적인 이메일을 체크하고, 주고받고 그러려면 토익 700 정도로는 좀 부족하지.

철수 야 이 새끼야, 사실 전체 기업 입장에서 해외 접하는 부서는 극히 일부야.

존슨 그래. 근데 그렇게 따지면, 오픽은 말하기 시험이잖아. 솔직히 니가 말한 것처럼 해외랑 직접적으로 연관이 있는 해외 영업 파트가 아닌 이상은 말보다는 글로 이메일을 주고받는 경우가 훨씬 많지. 그러니까 토익은 죽은 지표고 이젠 무조건 말하기 시험이다, 이런 관점은 좀 아닌 것 같다는 거지.

철수 오픽은 뭐 영어가 친숙하다는 그런 정도로 보는…… 그런 취지인 거 같고. 어떤 실력의 잣대로 판단하는 건 아니라는 생각이야. 오픽, IM 쉽잖아?

존슨 그래. 아무튼 그래서 삼성에 토익은 필요 없다 이거지? 사진도 필요 없고? 필요한 건 자소서랑 오픽?

철수 어. 서류 전형에서는 딱 그거만 필요해. 그 이후에 90% 이상이 응시할 수 있는 인적성 검사. 전설의 싸트(SSAT)를 보지.

존슨   근데 삼성은 X같은 게 그거 아니냐? 과목이랑 학점 써 넣는 거.

철수   아, 그거 X같았지. 근데 그거 없어졌어.

존슨   진짜? 그럼 자소서에 뭘 써? 삼성 원래 그 학점이랑 성적 일일이 입력하는 거 빼면 자소서 간단한 걸로 유명했잖아.

철수   뭐 거의 안 쓴다고 보면 되지. 전보다 더 간단해졌더만. 아예 자소서 항목이 없어졌다고 보면 돼. 대신 싸트 통과하면 합격자에 한해서 따로 자소서를 제출하라고 한다네.

존슨   이야, 삼성이 진짜 채용과정에서는 독보적이네. 매번.

철수   근데 사실 난 싸트에 대해선 할 말이 없어. 다 떨어졌기 때문에.

존슨   싸트 떨어졌어?

철수   두 번 봤는데 두 번 다 떨어졌지.

존슨   그래. 그러니까 참…… 니가 그런 생각을 가질 수 있다고 생각해. 니가 여기서 나랑 말을 섞을 수 있다는 게 영광이라는 생각을……. (웃음)

철수   야, 너는 면접에서 광탈한 주제에! 암튼 싸트 같은 경우에는 정확한 정보를 아무도 몰라. 나는 사실 처음 봤을 때는 공부 전혀 안 하고, 문제를 전혀 풀어보지 않은 상태에서 가서 풀었는데 떨어졌고. 내가 사실 싸트 지원한 거는 총 네 번. 근데 응시한 건 두 번이고 두 번 다 떨어진 거지. 첫 번째는 제일기획 써서 떨어졌고.

존슨   제일기획은 싸트가 좀 다르다며?

철수   응. 창의력을 보더라고. 광고 싸트라고 해서 재밌지. 싸트 자체는 재

있는데…… 어쨌든 떨어지고. 그다음 삼성전자를 썼는데 그거 떨어지고. 내가 거기서 열 받는 거야. 제일기획 볼 때는 전혀 공부도 안 하고 갔는데 떨어지고, 삼성전자 때는 내가 씨바, 문제집을 두 권을 풀었어. 근데도 떨어지더라고. 내 친구 같은 경우는 반은 풀고 반은 찍고 자고 이랬는데도 붙고.

존슨 사실 그런 말도 있어. 문제 많이 푸느냐 그런 것보다는 인성이 더 중요하다, 그런 말도 있더라고.

철수 그렇지. 그러니까 내가 멍청한 게 아니라…….

존슨 인성이 X같았다는 말이 되는 거지. (웃음)

철수 (웃음) 야 이 씨, 삼성에 맞지 않는 인성이었다는 거지. 너는 삼성에 맞는 그런 충성분자였다는 거고. 이 회장의 휠체어 같은 존재랄까. (웃음)

존슨 야 씨, 대한민국에선 삼성에 맞지 않는 인성이 X같은 인성인 거야. 삼성에 맞는 인성이 훌륭한 인성인 거고.

철수 (웃음) 그것도 일리가 있네. 암튼 나는 거기 인연이 아닌 거 같애. 그렇게 삼성을 보냈어, 나는. 암튼 다들 삼성 준비 열심히들 하시길.

존슨 삼성 말고 다른 데는?

철수 뭐 다 시작이야. 삼성, 두산, CJ, LG, GS칼텍스 등등. 그리고 내가 지원한 기업들은 삼성을 시작으로 롯데, CJ, 포스코, LG하우시스, 현대건설, 현대카드, 중소기업중앙회, 새마을금고, 한화 63시티, 현대오일뱅크, 현대자동차, 기아자동차, GS칼텍스, 코오롱, KT, 예금보험공사, SK…….

존슨   (웃음) 이 새끼 많이도 썼네.

철수   대우조선해양, LIG, 두산, STX, LG전자, E1, 삼양, 대우건설, LG생
        명과학, 뭐 이 정도. 뭐 이 정도는 다들 쓰는 걸로 알고 있어. (웃음)

존슨   근데 너 삼성, 계열사는 어디 썼어?

철수   나는 삼성카드 썼지.

존슨   카드? 다시 금융권으로 돌아가고 싶은 건가? (웃음)

철수   아니 뭐, 은행 다니는 사람들의 꿈의 회사가 카드사야. (웃음)

존슨   어, 그래. 암튼 삼성 나는 안 썼어.

철수   왜?

존슨   나는 너처럼 삼성맨이 되고 싶진 않았어.

철수   뭐 사실 나도 그래. (웃음)

자소서,
쓰고 쓰고 또 쓰고

존슨　자소서 쓰다가 시발 4시 반에 잤어.

철수　나도 3시에 잤다.

존슨　쓸 게 존내 많아. 넥슨 거기 계열사 간에 중복지원이 다 되더라고.

철수　진짜로?

존슨　그래서 다섯 개 다 썼지.

철수　이 시키, 그럼 나한테 얘기를 했어야지!

존슨　내가 왜 그래야 하지? (웃음) 근데 넥슨 자소서 자유 형식이던데 너 얼마나 썼냐?

철수　대충 1,000자 정도?

존슨　1,000자씩이나 썼어? 난 6~700자 썼는데.

철수　나도 1,000자 미만으로 어떻게 채웠어. 1000자까지 채운 거는 한 두 문항 정도.

존슨　자유형식으로 그냥 쓰고 싶은 만큼 써라, 이래 놓으면 오히려 구질 구질 길게 쓰면 안 좋을 거 같더라고, 내 개인적인 견해로는. 이 자유형식이란 게 양날의 검이야. 자유롭게 쓰라면 편할 수도 있는데 부담도 되고 말이야.

근데 자소서에 대체 가족사항은 왜 필요해?

존슨 근데 넥슨 같은 경우가 좋은 게 학점을 넣는 게 없더라고. 이게 아주 선진적이야.

철수 어 나도 깜짝 놀랐어. 학점 입력 안 해도 되는 거 보면서 참 좋은 회사구나 했지. (웃음)

존슨 근데 좋은 회사고 나발이고 새벽 4시 반까지 계열사 다섯 개를, 똑같은 거를 계속 쓰고 있는데. 진짜 정신이랑 육체가 분리되는 경험을…….

철수 붙여넣기 안 했어?

존슨 아, 붙여넣기 하는데, 그 인적사항 입력하는 거 있잖아. 그게 별 거 아닌 거 같은데 시간이 존내 걸린다고. 하나당 한 10~15분은 걸려. 근데 그 똑같은 짓을 다섯 번을 하고 있으니까, 아오…… 계열사 간에 딱! 저장돼가지고 딱! 뜨는 그런 거 안 되나?

철수 난 그래서 공모 뜨자마자 인적사항을 미리 다 입력해놓고, 그러고 나서 나중에 자소서를 작성하지. 그게 편해.

 존슨 그러네. 그렇게 하는 게 좋지. 근데 학점 입력하는 기업들 중에 학년별 평점 입력하는 데 있잖아.

철수 어 맞아, 씨바.

존슨 그게 졸라 X같애. 그게 도대체 왜 필요한 거야?

철수 계절학기 있는 경우엔 어떡해야 돼? (웃음)

존슨 (웃음) 그러니까.

철수 그런 경우엔 계절학기가 캐스팅 보트야.

존슨 그리고 9학기까지 다닌 친구들도 많다고.

철수 그렇지. 그거 어디에 포함시켜야 돼?

존슨 뭐 그건 그렇다 쳐. 근데 가족사항 입력하는 거 있잖아. 부모님 나이, 학력, 심지어는 재산까지. 그건 진짜 X같지 않냐?

철수 그렇지.

존슨 진짜 그거는 이유를 모르겠어.

철수 넥슨 같은 경우는 그런 거 자세하게 입력하는 란이 없어. 최소화했더라고.

존슨 넥슨, 사랑합니다.

철수 야 이 시키, 우린 의연하게 나가야 된다고.

취준생도 직업이다, 쉬는 날도 없는

철수 이게 자소서를 많이 쓰다 보면 데이터베이스가 모이잖아.

존슨 (웃음) 어. 그런 데가 좋은 기업이야. 자소서 항목이 똑같은.

철수 그럼. (웃음)

존슨 솔직히 야, 한 사람 인생이 한정되어 있는데 그 경험 가지고 이렇게 바꿔 쓰고, 저렇게 바꿔 쓰고. 그런 게 쫌, 웃기는 거야.

철수 그렇지.

존슨 이게 사실 쓰다 보면…….

철수 기계처럼 쓰는 거야.

존슨 쓰고 나면은 그냥 '아! 오늘도 썼다'는 안도감을 위해서 쓰는 거지.

철수 그리고 쓸 때는 졸라 X같은데, 막상 이 자소서 시즌이 끝나잖아? 그러면 허전하고 공허해.

존슨 막 할 게 없어지니까. 그때부터 진짜 미치는 거지.

철수 그리고 사실 난 타이핑을 이 자소서를 쓰면서 배웠어.

존슨 (웃음)

철수 원래는 독수리타법이었는데 이제는 나름 타자에 자신 있거든. 암튼 뭔가 발전된 나의 모습을 볼 수가 있더라고.

존슨 그치. 사실 이게 굉장히 유의미한 시간일 수도 있어.

철수 어 맞아. (웃음)

존슨 (웃음)

철수 이런 데서 의미를 찾아야 돼. 우리 사촌형이 회계사인데, 회계사 되기 전에 취업준비생, 아니 고시준비생이었을 때 항상 하는 말이 그거였어. 고시생도 직업이라고. 그러니까 5일을 하고 적어도 이틀 정도는 쉬어줘야 된다고.

  존슨 그래 맞는 말이야.

철수 취준생도 그런 거지. 백수도 씨바 직업이야.

존슨 그래 우리가 하면서 진짜 X같은 게 쉬는 날이 없어. 좀 이게, 회사 끼리 담합을 해가지고 토, 일에는 마감을 안 하고 그런 걸 해야 되는 거 아냐? (웃음)

철수 그러니까. 끝날 만하면 또…… 아 씨바 진짜. (웃음)

존슨 우리는 어쩔 수 없이 컴퓨터 앞에 앉아 있어야 되는 거지.

철수 그러니까. 이게 일이야. 사실 일이야.

존슨 이게 하다 보면 솔직히 '아 안 될 것 같다' 그런 생각이 100프로 드 는 기업도 쓸 수밖에 없어. 그게 직업이거든.

철수 그치. 취업준비생으로서 진짜 그 어떤 업무가 시작되는 거지.

취업 준비는 불행히도 계속되고

존슨   너나 나도 그렇지만 요즘 친구들 중에 직장생활 그지 같다고 때려 치우는 애들이 존내 많더라고. 근데 그걸 알고 있는 우리는 왜 다시 취업을 준비하고 있는 걸까.

철수   씨바 우리는 내년에 이제…… 아니, 아직 우리 어리잖아 시키야.

존슨   그래. 근데 그게 참 처량하지 않냐? 간혹 가까운 사람이 퇴사를 준 비하고 있는 회사에 우리가 지원을 한다는 게.

철수   좀 아이러니네, 그렇게 보면. 불행히도 또 취업 준비는 계속 되네.

존슨   니가 지원한 STX에 다니던 선배도 반년 만에 때려치우고 LG로 갔 잖아.

철수   근데 우리가 지원하는 모든 그룹, 모든 기업은 누군가 나온 데야. 우리가 그러니까 들어가는 거 아냐, 솔직히.

존슨   맞는 말이다. 너, 굉장히 똑똑한 녀석이구나? (웃음) 아무튼, 너 LG 전자 영업마케팅 썼냐?

철수   어. 근데 LG 이 시키들이 진짜.

존슨   야 이, 왜 욕은 하고 그래.

철수   아니, 이 분들이 자소서가 X같애. LG전자가 굉장히 좋은 회산데, 아니 씨바 1,300자야. 취준생들 사이에서는 LG전자나 SK 쓰면 자 소서의 9부 능선을 넘는다, 이런 말도 있더라고.

존슨   (웃음) 어. 나중에는 거기 자소서를 데이터베이스로 붙여넣기 하면 다 되잖아. 자소서 쓸 때 그냥 무조건 SK랑 LG 자소서부터 띄워놓고 시작하는 거야.

철수　(웃음) 장단점이 있어. 쓸 때는 힘든데 나중에 좀 편하다, 뭐 이런 게 있지. 나는 500자가 딱 적당한 거 같애. 그 이상 넘어가면 뭔가 이제 쓸 말이 없어지기 시작해.

존슨　너 LG전자 몇 번째 쓰는 거냐?

철수　나는 처음 쓰는 거 같은데?

존슨　나는 여기 존내 많이 썼는데 붙은 적이 단 한 번도 없어. 이 X같은 LG전자. 그래서 이번엔 안 썼는데, 여기는 뭐, 학점을 많이 보나 봐.

철수　아니, 그거보단 사람 좀 볼 줄 아네. 금방 나갈 시키는 안 뽑는 거 아냐?

존슨　그럴 수도 있겠다. 인사과가 실력이 있나 봐.

철수　여긴 내가 봤을 때 비전 있네. (웃음)

존슨　그건 그렇고 너 LG 여기 자소서 항목 8개 다 썼냐?

철수　난 다 썼지.

존슨　(웃음) 이 존내 염치도 없는 색기야. 자존심도 없이 8개를 다 쓰고 앉아 있어?

철수　그럼 씨바 7개만 쓰고 낼 수 없잖아?

존슨　…….

철수　…….

존슨　암튼 아이러니한 게, 아직 쓸 기업이 많이 남았으면 취준생 입장에서는 좋아해야 되는데…….

철수　그치.

 그런데 막막해. 너무 막막해. 좀 빨리 끝났으면 좋겠고 그런 거 있
잖아.

 아직도 모르고 있는 거야. 그래도 취업 준비하는 시간이 마지막 남
은 천국이라고! 취업하면 진짜 X되는 거야!

서류 결과
통보에 대하여

철수 자소서 시즌이 마무리되어 가고 있는 상황에서 또 많은 발표가 있었어. 아, 너무 착잡해.

존슨 뭘 착잡해. 예상했던 거 아냐? (웃음)

철수 아냐 시키야! (웃음) 삼성, 롯데, LG하우시스, 중소기업중앙회, 새마을금고, 현대카드, 예금보험공사 다 안 좋은 소식으로…….

존슨 니가 또 새벽 두 시에 울면서 전화했잖아.

철수 울긴 씨바. (웃음) 아니 나는 솔직히 짜증나더라고. 왜, 그런 데 있잖아. 원래 합격 발표라는 게 붙은 사람들한테만 문자 보내주는 데가 있고, 그냥 합격, 불합격에 상관없이 결과 나왔다고 다 문자 보내주고 확인해보라고 그러는 데가 있잖아.

존슨 그치. 사실 그게 기본적인 매너지. 우리가 보통 수십 개를 쓰잖아. 어디 썼는지도 기억 안 나는데 이런 문자라도 딱 와줘야 '아! 내가 여기 썼었구나, 확인해보니 역시나 불합격이네♡' 이렇게 딱 알지.

(웃음)

철수 아니 나는 오히려 이쯤 되고 보니까 문자가 오면 좀 짜증나더라고. 문자가 안 오면 그냥 잊고 있었을 텐데.

존슨 (웃음) 아 이 색기 정말 패배주의에 찌들었구만.

철수 아니 패배주의가 아니라 그냥 잊고 사는 거지 뭘. 아 근데 이번 예금보험공사는 이렇게 문자가 안 오니까 좀 기분이 그렇더라.

존슨 ……예금보험공사? 야, 우리, 안 될 데는 쓰지 말자.

철수 (웃음) 아냐. 나는 될 줄 알았지. 나는 임마, '국내 최대 금융그룹' 소속에서 경력을 쌓은 놈이라고! 그리고 서류 결과 통보하는 걸로 내가 또 말하고 싶은 데가 있어. 교보문고.

존슨 거긴 왜?

철수 내가 자소서 쓰다가 갑자기 생각이 나서 그 사이트에 들어가 봤거든. 아 근데 X같은 게 뭐냐면, 원래 사이트에서 확인하면 페이지가 넘어가고 무슨 편지글 형식으로 죄송합니다, 뭐 인력 수급 사정에 의해서 불합격을 하게 되었습니다, 앞날에 밝은 미래가 어쩌고저쩌고 이런 게 뜨잖아. 근데 거기는 어떤 줄 알아?

존슨 그냥 불합격이라고만 뜨나?

철수 아니. 별도의 페이지 자체가 없어. 무슨 경고창 뜨듯이 팝업으로 '불합격입니다'라고 조그맣게 뜨는 거야. 뭐야, 중국인 해커 취급하는 것도 아니고. 아 내가 열 뻗쳐서…….

존슨 (웃음) 됐고. 어, 야 지금 현대자동차 발표가 났어! 이거 지금 확인해봐야 돼.

철수 이거 긴장되는데?

존슨 최종결과, 자……

철수 아우!

존슨 자, '현대자동차 대졸 신입사원 모집에 응시해주셔서 감사합니다……'

철수 아아, 불합격! 얘네가 감사하다고 하면 불합격이지!

존슨 이렇게 깔끔하게 불합격을 딱! '불합격의 사유를 설명 드리지 못함이 더 죄송합니다.' 시발 죄송할 게 어디 있어. 현대자동차, 건승하십쇼.

철수 아우, 이 시키들 불합격에 볼드 처리했네.

존슨 아, 도대체 어떤 색기들이 되는 거지? 진짜 이거 어떤 색기를 뽑는 거야! 자, 그러면 이제 철수! 확인해볼까? (웃음)

철수 사실 난 문자도 안 왔어. (웃음)

존슨 (웃음) 거기서 이미 좀 접고 들어가야겠네. 아니 근데 문자가 아예 안 왔는데 확인하니까 합격인 경우도 많더라고.

철수 아 난 거기 서류 합격해본 적이 한 번도 없어. 한 세 번은 쓴 거 같은데. 아무튼 중요한 거는, 그러니까 우리가 여기서 짚고 넘어가야 할 사실은 존슨이 현대자동자 서류에서 광탈했다는 소식! (웃음)

존슨 인연이 아닌 거지.

철수와 존슨의
도전, 도전, 도전

철수　드디어 하반기 첫 서류 통과! 현대 오일뱅크!!! 내가 여기 처음으로 서류 합격의 감격을 맛보게 됐지.

존슨　이게 몇 개월째인데, 이제야 첫 서류를 통과했다는 게 참 씁쓸하네.

철수　이제 시작이야. 암튼 난 오늘 첫 서류를 통과하면서 그 어떤 자신감, 내가 그래도 할 수 있다는 그런 걸 확인할 수 있었지.

존슨　…….

철수　이번에도 발표 난 데 꽤 많은데, 우선 떨어진 데부터 얘기를 하면 대우건설, SK그룹, 한화그룹, 두산그룹, 대우조선해양, LIG손해보험, 워커힐파라다이스…….

존슨　풉 (웃음).

철수　웃어? 씨바 이 시키, 말을 안 해서 그렇지 너도 떨어진 데 졸라 많을 거야. 나만 말해서 내가 덤터기 쓰고 있는 거라니까.

　존슨　뭐 나도 꾸준히 떨어지고 있지. (웃음) SK 떨어졌고. 내가 왜 떨어졌는지 당최 모르겠네. 한화는 안 썼고, 두산매거진 썼는데 떨어졌고.

철수 아무튼 나는 합격한 데가 현대오일뱅크랑 하나금융그룹 소속의 하나다올신탁, 이 두 개. 존슨은? 뭐 쾌거 있었나?

존슨 일단 CJ 제작PD랑 조선일보는 서류 합격하고 면접 일정 진행 중이고. 그리고 현대HCN이라는 데 면접 보고 왔고, SBS뉴스텍은 토요일에 필기 보러 가지. 너도 현대오일뱅크 필기 보러 가나?

철수 어.

존슨 그거 인적성이 좀 그렇다며? 얘기 들어보니까.

철수 아 거기 인적성 같은 경우는, 일단 당일 아침 8시 반까지 거기로 가야 돼. 가서 인적성 시험이랑 집단 토론 면접, 그리고 한자시험을 같이 본다고 하더라고.

존슨 집단 토론까지 같이 한다고?

철수 어. 근데 신기한 게, 그 실무진 면접은 안 한대. 집단 토론 면접만 하고. 그다음 2차가 본부장 면접, 그다음 임원 면접, 이렇게 끝난다더라고.

존슨 본부장 면접이 실무진 면접인 건가?

철수 그런 거 같은데? 근데 1차에서 집단 토론면접 하는 건 대체 뭐야? 한자시험 보는 것도 좀 그렇고. 근데 또 중요한 건 토익 스피킹 앤 라이팅 시험을 보는데.

존슨 스피킹도 본대?

철수 어. 스피킹이랑 라이팅 시험을 다음 주 중에 거기서 정해준 시간에 가서 또 봐야 돼. 가뜩이나 하나다올신탁이 다음 주인데, 만약에 겹

치면 그거 때문에 X되는 거야.

존슨 하나다올신탁…… 결국 금융인이 되기 위해서 준비하고 있구만.
(웃음)

철수 아니 나는 다양한 분야를 썼는데 결국 나를 선택한 건 금융 쪽이더라고. (웃음)

존슨 그래, 넌 어떻게 해도 금융인이 될 거 같다. 암튼. 나는 저번 주 금요일과 토요일 양일에 걸쳐서 조선일보 미디어경영 시험을 봤어. 금요일에 면접을 보고, 토요일에 필기를 보고. 좀 특이하더라고. 원래 보통 필기 전형이 따로 있잖아? 필기 합격한 사람이 다음에 면접 보고 그랬는데 이번에는 한꺼번에 보더라고. 나는 문화사업 쪽으로 지원을 했고, 뭐 특별한 거는 없었어. 필기 같은 경우는, 여기도 한자를 보는데 시발 거의 못 썼어.

철수 그럼 만약에 여기서 통과를 한다면 한자의 비중이 그렇게 크지 않다는 건가?

존슨 그런 말이 있어. 보통 언론사 시험은 상식이랑 작문, 논술 같은 걸 보잖아? 근데 작문, 논술 비중이 크지, 다른 건 중요하지 않다대. 심지어 한자 문제 답을 하나도 못 썼는데 붙은 애들도 있고 그렇대.

철수 그러면 방송경영 같은 과목시험도 봤어? 미디어경영 쪽은 객관식 시험도 보잖아.

존슨 안 봤는데.

철수 아 그래? 이 시키야 그럼 나한테도 얘기했어야지. 나도 쓸 걸.

존슨 어째서 니가 쓰면 붙을 거라 생각하는 거지? (웃음) 암튼 비슷한 류의 상식시험은 봤어. 뭐 재미있는 거 많이 나왔지.

철수 공부했어? 책 사갖고?

존슨 아니지. 그냥 뭐, 나는 상식이 풍부한 사람이니까.

철수 떨어지겠네.

존슨 (무시) 필기 같은 경우는 보통 언론사 시험 볼 때 논술, 작문 이런 식으로 보는데 좀 다른 유형의 문제가 나왔더라고. 글 쓰는 거긴 한데 논술이 아니라 어떤 현안에 대한 구체적인 대안을 제시하라는 형식의 글쓰기라 좀 당황을 했는데 뭐 어떻게 써서 냈어. 뭐…… 기본 실력이 어디 가나 싶더라고. 그리고 CJ E&M 역시 필기랑 면접을 같이 봤지.

철수 하루에 같이 봤나?

존슨 어. 오전에 필기 보고, 필기는 인적성, 그 CAT라고 하잖아. 그거 미리 공부를 안 해서 걱정을 좀 했는데 의외로 술술 풀리더라고. 작년에 풀었던 거보다 더 잘 풀었던 거 같아. 암튼 90문제가 딱 나왔고, 제한시간이 50분. 영역이 나눠 있지는 않고 다섯 문제, 여섯 문제 주기로 영역이 골고루 나오는 거야. 그게 90문제까지 반복되는 거지. 근데 내가 한 70문제 후반까지 풀었던 거 같아. 거의 80문제.

철수 그럼 너 떨어진다.

존슨 아니. 완벽하지.

철수 나도 인적성을 몇 번 봤는데, 씨바 졸라 어려워서 X같다 그러고 그냥 몇 문제 안 풀고 넘어간 인적성은 붙고, 이상하게 잘 풀렸던 인적성은 꼭 떨어지더라고.

존슨   지금 니가 나의 인적성에 대해서 왈가왈부할 입장은 아닌 거 같은데? (웃음) 난 면접왕이기도 하지만 인적성의 왕이기도 하니까.

철수   자 암튼. 결과를 지켜보자고.

존슨   근데 난 이번에 일반기업은 다 떨어져서 할 말이 없네.

철수   내 친구가 성대 나왔고 인문 계열에 어학연수 갔다 와서 토익 점수도 980인가 그래. 근데 걔가 대기업 서류 20개를 썼는데 그중에 4개 붙었다네.

존슨   요새 20개 중에 4개 붙은 거면 존내 잘한 거 아냐?

철수   ……그러니까 졸라 잘했다고. (웃음)

존슨   (웃음) 근데 토익 980 얘기는 왜 해, 색기야.

철수   (웃음) 아니 뭐, 아무튼 나는 기껏해야 2개 붙었는데. 걔는 전공도 인문 계열인데.

존슨   요즘 인문학이 주목받고 그래서 그런 거 아냐? 철학과가 잘 나간대, 요즘엔.

철수   야, 그래도 씨바 경제경영 전공하는 애들이 거의 다 쓸어가잖아. 난 솔직히 20개 넘게 썼는데 서류에서 달랑 2개 붙은 거야. 그게 X같은 거지.

존슨   나는 여기서 의문이 드는 게, 니가 걔랑 비교해서 어떤 점이 더 우월하다고 생각하는 건지 모르겠는데? (웃음)

철수   나는 경험이 있잖아. (웃음)

존슨   걔는 이번이 처음 준비하는 거야?

철수   어 그렇지.

존슨 근데 원래 처음 준비할 때가 제일 잘돼. 서류는 그런 거 같애. 초심자의 행운이란 게 있잖아? 나도 제일 첫 해는 막 붙었어. 깜짝 놀랐어. '내가 이렇게 대단한가?' 하고. (웃음)

면접,
이제는 말할 수 있다!

존슨　내가 면접에서는 좀 강하잖아. 면접왕. 근데 진짜 당황을 했던 질문이 있었어. 전 회사 왜 나왔느냐고. 내가 좀 생각을 하고 갔는데도 막상 질문을 받으니 막히더라고. 그래서 술 마시는 문화가 너무 힘들고…….

철수　야 이 시키, 그렇게 말하면 어떡해?

존슨　그럼 뭐라고 말해야 되냐, 시발. 너 같으면 어떻게 말할 거냐? 다시 금융권 가서 면접 보는데, 이전 최대 금융그룹사 왜 퇴사했느냐고 하면 뭐라고 할래?

철수　그…….

존슨　…….

철수　…….

존슨　……그래, 넘어가자.

존슨　CJ E&M. 여기 면접이 진짜 X같애. 아는 사람은 알겠지만 PD오디션이라는 게 있잖아? 진짜 X같더라고. 인간성의 상실! 상품성의 산실!

철수　뭐 하는데?

존슨　그러니까 대표적으로 '3분 동안 자기가 자기를 표현하라'는 미션이 있어. 말이 좋아서 3분이지.

철수　3분? 길지 않은데?

존슨　3분 동안 자기가 뭐 할 건지 기획해서 가는 거야. 그날 오전에 인적성 볼 때는 다들 멀쩡한 사람들이었어. 근데 점심 먹고 와서 면접 보려고 앉아 있는데 옆 사람이 어느샌가 피에로 분장을 하고 앉아 있더라고. (웃음) 밥 존내 빨리 먹고 와서 피에로 분장을 한 거야.

철수　(웃음) 아, 거 웃기는 놈이네.

존슨　그리고 오른쪽 애는 뭐 상복을 입고 앉아 있고. 앞서 면접 보는 애 소리가 들리는데 존내 노래를 부르고 있어, 시발. 진짜 '난 누군가, 또 여긴 어딘가' 이런 생각이 들더만. 와, 진짜 일자리 하나 얻으려고 이 지랄을 해야 되나.

철수　월급쟁이 되려고 용쓰는 거지. 너는 그래서 뭐 했어? 너도 개탈 뒤집어쓰고 그런 거 한 거 아냐?

존슨　그땐 진짜 차라리 그런 거라도 준비해올 걸 그런 생각이 들더만. 나는 그냥 간단하게 했어. 1인 2역 토크쇼 같은 거. 미리 대본을 짜서 질문, 배경음악 같은 걸 녹음해와서 거기서 틀고, 그 면접 장소에서 난 타이밍 맞춰서 질문에 대답하는 걸로. 물론 내가 준비한 거니만큼 굉장히 재미있었지. 그냥 뭐 내가 어떤 사람이다 얘기하는 거였는데, 반응이 그리 좋진 않더만. 면접 전날 두 시간 정도 준비했는데. 아 근데 내가 그 지랄을 하고 있는데, 한쪽에서는 막 노래 부르고, 한쪽에서는 막 춤추느라고 우당탕거리는 소리가 그대로 들리는데. 와 시발.

철수　그러면 위축이 되긴 하겠네.

존슨　위축이 아니라, 섬뜩하더만. 내 옆에 상복 입고 앉아 있던 여자애가 들어가면서, 장례식처럼 자기 얼굴 사진을 틀에 넣어온 걸 딱 들고.

철수　아, 영정사진처럼?

존슨　어. 그렇게 준비해서 들어가자마자 '아이고' 그러면서 막 울더라고.

철수　와 진짜. (웃음)

너무 떨리는 면접장에서

철수　야 근데 너는 면접에서 안 떠냐?

존슨　나는 떠는 편은 아니지. 그러니까 안 떠는 게 되게 중요한 거 같애. 어쨌든 알고 있는 지식이랑 이런 건 다 비슷하단 말이야. 그래서 면접에서는 태도를 본대. 어떤 기업의 인사담당자가 올린 글을 봤는데, 자기 상사는 면접 때 아무도 모를 만한 질문을 던져놓고 존내 낄낄댄대. 그런 X같은 질문을 던져놓고 애들이 어떤 반응을 보이냐 보는 거지. 당연히 애들이 거의 다 대답을 못하고 쩔쩔 매고 있는 거야. 근데 그중에서 한 놈은 완전 틀린 대답을 해놓고 존내 당당하게 앉아 있었대. 그래서 그 놈을 뽑았다더만. 그러니까 당당한 태도가 중요한 거지.

철수　아 근데 난 면접에서 졸라 떨어. 그래서 말 자체가 뭔가 문어체로 나오는 거지. 내가 문어도 아닌데. 예를 들어 '열심히 하겠습니다. 허허' 하고 넘어갈 수 있는 걸, '저는 견마지로를 다할 각오가 되어 있습니다' 뭐 이런 식으로 한다든가. 아무튼 너무 딱딱해진다는 거.

존슨　뭐 그 정도면 괜찮지.

철수　근데 그렇게 떨고 나면 끝나고 졸라 아쉽지. 그래서 면접을 보고 나면 항상 나는 혼자 소주를 먹어.

존슨　…… 미친 색기. (웃음) 어쨌든 제일 중요한 게 그건 거 같애. '여기 아니면 안 된다'는 생각을 하고 있으면 존내 긴장을 하게 된다고. 그러니까 '아 시발 여기 되든 안 되든 상관없다' 그런 식으로 편하게 생각을 하고 있어야지. 서류 많이 걸리는 사람이 면접도 많이 잘 되잖아. 그게 다 이런 심리가 작용해서 그런 거 같애. 대안이 여러 개 있으니까. FC서울에도 데얀이 있잖아.

철수　(무시) 면접 볼 때 보통 면접관들은 테이블에 앉아 있고 우리는 일렬로 된 의자에 앉아서 막 경직된 자세로 보잖아. 나는 그 자세가 긴장된 심리 상태를 만드는 거 같애.

존슨　그게 일부러 그러는 것도 있지 않을까? 이 긴장된 상황에서 어떻게 잘 버티나 보려고.

철수　차라리 테이블이 있고, 뭔가 이런 진짜 인터뷰를 할 수 있는 자리라면 좀 더 잘할 수 있을 텐데. 암튼 그래서 더 아쉽지. 내가 생각해놓은 말들도 잘 못하고.

존슨　다 그렇지 뭐 시발. 아 맞다, 근데 면접 볼 때 졸라 경직돼가지고 '다나까' 말투 쓰는 거, 그거 좀 그렇지 않냐? 내가 취업계의 대통령으로서 말하는데 그 말투 쓰지 마. 군대도 아니고. 편안한 말투를 쓰는 게 나 자신도 좀 릴랙스가 되고 부드러운 분위기가 연출되잖아. 그리고 면접관 쪽에서도 오히려 편안하게 말하는 걸 좋아하는 거 같애. 너무 '다나까' 하면서 딱 앉아 가지고 그러면 왠지 내가 면접관이라도 좀 그럴 거 같지 않냐? 아, 저 색기 들어오면 내가 오바로크(군대에 신병 들어오면 선임이 신병 군복에 명찰이랑 계급장 박음질 해주는 것) 쳐줘야 하나, 이런 생각할 거 아냐.

철수　무슨 소리야? 각 잡힌 사람들을 더 좋아하지. 면접관들 꼰대잖아. 양복쟁이.

존슨　그런 꼰대들은 스스로는 꼰대지만 그걸 벗어나고 싶어 하는 잠재적인 욕망이 있다고. 면접관들의 그런 심리를 공략하는 거야.

철수　내가 그 어렵다는 신세계백화점 서류를 통과하고 면접을 보러 간 적이 있는데, 두세 명 정도 면접관이 앉아 있더라고. 한 명은 영어 담당이고, 두 명은 신세계 쪽 직원이고. 내가 들어가면서 '안녕하세요' 이랬더니 한 명이 날 똑바로 딱 쳐다보면서 '안녕하십니까!' 이러더라고.

존슨 (웃음) 아 그래? 그 면접관이?

철수 어! 그래서 내가 졸라 당황했다니까. 뭔가, 인사하는 게 아니라 대놓고 '안녕하십니까! 라고 해야지' 뭐 이런 어투였다니까.

존슨 와 진짜. (웃음) 웃기려고 그런 거 아냐? (웃음) 그럼 니가 다시 그랬어야지. 그 놈을 똑바로 마주보면서 '안녕하세[요]!'

철수 (웃음) 아 그때는 나도 처음 본 면접이어서.

존슨 그래서 떨어졌구만.

철수 근데 또 X같은 게 면접 보러 올 때 양복이 아니라 평상복을 입고 오라 그랬어.

존슨 아 그래?

철수 근데 씨바 그게 더 고민 돼. 뭘 입어야 되는 거야? 근데 또 평상복 편하게 입고 오라 해놓고 인사는 그게 무슨 반전이야. 나는 그게 좀 기억에 남아. (웃음)

존슨 회사생활 하면서 인사하는 거, 그것도 고민 많이 하잖아. '안녕하십니까'로 해야 하나 '안녕하세요'로 해야 하나.

철수 '혁신합시다!' 이렇게 하는 데도 있대. (웃음)

존슨 (웃음) 점심 먹으러 사원식당에 가서도 '혁신합시다' 이러겠네.

철수 (웃음) 아오, 진짜.

존슨 밥 퍼주는 아줌마한테 '혁신합시다!' 그러면 아줌마가 '아니, 이 색기가 메뉴가 맘에 안 드나……'

철수 아 '목표달성!' 이것도 있다.

존슨 (웃음)

면접 스터디에 대하여

철수 그럼 이건 어떻게 생각해? 면접에 앞서서 스터디하는 거.

존슨 면접에 있어서 최고의 스터디는 면접에 직접 가는 거야.

철수 그렇지. 실전이 최고의 훈련이지.

존슨 그러니까 간혹 여기 진짜 가기 싫은 회사라서 굳이 심리적 압박감을 받으면서 내가 여길 왜 가나. 그런 생각을 할 때가 있는데 그래도 무조건 가는 게 좋아. 면접비도 받고 공부도 할 수 있는 거고.

철수　야, 근데 CJ는 면접비 안 줬다며?

존슨　그러니까!! 내가 그 얘기 안 할 뻔 했네. 그 지랄을 시켜놓고 시발 면접비를 안 주더라고!!

철수　차비도 안 나오게 그냥 보냈구만.

존슨　아 또 그 생각하니 빡치네.

철수　암튼. 옛날에 면접 스터디 나도 해봤는데, 지금 와서 생각해보면 그게 딱히 필요가 없는 거 같아. 취업 스터디에서 아무리 준비를 잘하고 대답하는 거 연습해도 막상 그 자리 가면 그 말은 잘 안 나와. 정말 말이 터져 나오지가 않아.

존슨　그래도 면접 경험이 전혀 없이 생애 첫 면접을 보러 가는 거라면 스터디 좀 하고 가는 게 도움이 될 수도 있지.

철수　초반에 말투나 자세, 태도를 피드백하는 차원에서는 뭐…… 근데 그걸 굳이 돈까지 들여가며 스터디하는 애들이 있는데 그럴 필요까지는 없다 이거지.

존슨　그렇지. 차라리 우리 방송 듣는 게 합격하는 지름길이지. (웃음) 스터디 룸 대여료 내고, 애들 만나서 밥 먹고 그러다가 술 먹고. 그게 뭐…….

철수　그러니까. 차라리 집에서 만화책 보면서 스트레스 푸는 게 낫겠네.

철수와 존슨,
희비가 교차하고

존슨　한 번 클래스는 영원하다!! 저는 이렇게 생각합니다, 여러분! (웃음) 대한민국 취업계의 대통령이라는 명성에 걸맞게 낭보가 여럿 날아들었어. 우선 조선일보 미디어경영직 1차 면접 통과. 누구나 예상했듯이 내가 철수 군보다 먼저 취업의 마지노선을 통과할 것 같다능! 깝치지 말라능! 하하하하!

철수　여러분 현혹되지 마십시오. 사실 취업이 이렇게 쉬운 게 아닙니다. 저는 정말 이…….

존슨　하하하하하하하하하하.

철수　……아, 내가 저 X같은 웃음소리를 저지할 수가 없네.

존슨　내가 이런 상황에서 너를 어떻게 위로해줘야 되는 거냐? 우리 이렇게 서먹서먹해지는 건 아니겠지? (웃음)

철수　벌써 좀 서먹해. 그래도 나는 기대하고 있는 게 있어. 암튼 나는 고난의 일주일을 보냈고, 존슨에게는 운 좋게 낭보가 날아들었고.

존슨   운이 좋다니. 이 백수 색기가 말을 험하게 하네.

철수   뭐 빨리 취업되는 사람은 또 빨리 퇴사를 하기 때문에…… (웃음) 그리고 아직 끝난 게 아니야. 최종면접에서 떨어지는 사람이 부지기수인 걸로 알고 있어. 그렇기 때문에 너의 최종 광탈을 믿어 의심치 않고…… 나 오늘 새벽에 절에 갔다 왔어.

존슨   왜?

철수   너의 최종탈락을 기원하며 불공을 드리고 왔지.

존슨   …….

철수   암튼 나는 굉장히 처참한 일주일을…….

존슨   뭐 나도 최종 면접이 남은 상황이니까 대통령이라고 하기엔 좀 그렇고, 유력 대선후보쯤으로 하지. 지지율이 과반을 넘는. (웃음)

철수   그래, 유력 대선후보 정도로. 아…… 저는 마음이 무겁습니다.

존슨   암튼 조선일보 1차 필기와 동시에 면접을 봤는데 그걸 통과했고 그래서 건강검진을 받았지. 이런 경험은 처음인데 최종면접 전에 건강검진을 보는 회사들도 꽤 있더라고.

철수   오늘따라 이 시키, 빛이 나. 왠지 빛이 나는 거 같아. 암튼 나는 서류 발표 난 곳은 꽤 많은데, 100%야. 탈락률이. 읊어보자면 한국동서발전, LG패션, HMC투자증권, STX, 대한체육회, 대신증권, OCI, 신한금융투자, 넥슨, JCE, 게임하이, 네오플, 금호아시아나. 이렇게 13개 정도 발표가 났는데. 탈락률 100%.

존슨   3분의 1이 넥슨 계열사네.

철수   아 씨바.

존슨   말이 씨가 된다고, 진짜 넥슨 다 떨어졌네.

철수   난 아쉬운 게 신한금융투자. 굉장히 아쉬워.

존슨   아예 필터링이 되는 건 아닐까? (웃음)

철수   (웃음) 그럴 수도 있나. 암튼 나는 신한 조직에서 새로운 시작을 하고 싶다, 이런 걸 어필을 했는데. 전혀 어필이 안 된 거야.

존슨   차라리 그 내용을 쓰지 말지 그랬어.

철수   아니, 은행 얘기하면서 은행보다는 조금 더 증권업 쪽에서 전문가가 되고 싶다. 그런 식으로 풀고 나갔거든.

존슨   그걸 누가 믿겠냐고.

철수   신한은 앞으로 카드사가 남았는데, 그것도 안 될 거라는 생각이 들고…….

존슨   암튼 나도 뭐 서류 탈락은 만만치 않아. 일단 내가 서류만 붙으면 물고 늘어져서 그렇지, 서류가 제일 어려운 거 같애. 골프존 떨어졌고, LG패션, 현대위아, 네오플, OCI, 대한체육회, 넥슨, 게임하이, 넥스토리. 아니, 시발 넥슨에서 우릴 이렇게 안 받아주나? 이런 생각이 들 무렵 JCE 서류가 붙었지.

철수   부럽다. 나 솔직히 인간적으로 부러운 데는 조선일보보다는 JCE야. 집에서 가깝거든.

존슨   주말에 인적성을 보러 오라고 그러더라고. 알겠지만 내가 인적성에서 탈락할 일은 없겠지. 삼성에서 인정한 인성인데. 그리고 대한항공. 여기 떨어졌을 거라고 생각했는데 붙었더라고.

철수   그래? 대한항공? 그래서 면접은?

존슨   아 존내 당황했던 게, 면접 바로 전날 서류 합격한 걸 알았잖아.

철수   아니 문자나 메일이 안 왔어?

존슨   어. 안 오더라고. 아니, 왜 안 오는 거야? 화요일에 확인했는데 수요일에 면접 보러 오라고 되어 있더라고. 암튼 그래서 면접 봤고. 그리고 그 CJ PD 면접, 내가 그 광대놀음 속에서 당당히 합격을 했지.

철수   이 시키, 니가 그 광대노릇 했던 거 아냐? 상복 입고 꺼이꺼이 운 거, 너 아냐?

존슨   뭐 그럴 가능성도…… 자신을 타자화시킨다고나 할까. (웃음)

철수   이 시키, 너 숨기고 있는 거 같애. (웃음)

내 마음에 비친 내 모습 _ 유재하

붙들 수 없는 꿈의 조각들은
하나둘 사라져가고
쳇바퀴 돌듯 끝이 없는 방황에
오늘도 매달려 가네

거짓인 줄 알면서도 겉으론 감추며
한숨 섞인 말 한마디에 나만의 진실 담겨 있는 듯

이제와 뒤늦게 무엇을 더 보태려 하나
귀 기울여 듣지 않고 달리 보면 그만인 것을
못 그린 내 빈 곳 무엇으로 채워지려나
차라리 내 마음에 비친 내 모습 그려 가리

엇갈림 속에 긴 잠에서 깨면
주위엔 아무도 없고
묻진 않아도 나는 알고 있는 곳
그곳에 가려고 하네

근심 쌓인 순간들을 힘겹게 보내며
지워버린 그 기억들을 생각해내곤 또 잊어버리고

이제와 뒤늦게 무엇을 더 보태려 하나
귀 기울여 듣지 않고 달리 보면 그만인 것을
못 그린 내 빈 곳 무엇으로 채워지려나
차라리 내 마음에 비친 내 모습 그려 가리

철수 이 노래는 자존감에 대한 노래야. 내가 그 금융그룹 다닐 때 너무 스트레스가 많았어. 나는 왜 여기 적응 못할까. 나는 내가 또 더 할 수 있는 일이 있을 텐데…… 그래서 혼자 맥주랑 소주랑 뭐랑 사갖고 초등학교 운동장에서 먹은 적이 있어. 맥주랑 소주를 혼자서. 거기서 이 노래를 들으니까, 내가 잘못한 게 아니란 거야. 이 노래 자체가 그거야. 자존감. 뭘 더 보태려 하지 말고 그냥 널 받아들여라.

존슨 근데 이 X같은 사회는 어떻게 해도 자존감이 떨어지는 사회야. 회사에서 일을 하고 있어도 자존감이 떨어지고, 회사에서 나온다 그래도 자존감이 떨어지고.

철수 그러니까. 요즘 내가 느끼는 게 그거야. 취업을 못…… 잘 안 되니까 이 노래를 찾게 돼.

존슨 어 그래. (웃음) 뭘 더 보태려 하지 말고 그냥 널 받아들여라.

Part **2**

이런 게 바로
사필귀'탈'!

[인적성 · 면접 후기]

인적성 비교,
삼성 SSAT vs CJ CAT

철수 진짜 '취준생들의 수능이다' 이런 말이 있는데, 싸트 날은 일요일인데도 유독 지하철에 사람이 많아. 엄청나, 진짜로. 근데 싸트 전형 자체가 좀 바뀌었더라고. 인성이 없어졌어. 직무 그건 있고. 그 직장 상황 문제들 있잖아, 이런 상황에서 어떻게 할 건가.

존슨 아아.

철수 인성은 빠졌는데 그건 있더라고. 아무튼 아침 8시까지 오라고 그래서 갔어. 근데 시험 보는 데가 강남 일원동에 있는 대왕중학교야. 삼성이라서 학교도 대왕이야. 암튼, 집에서 두 시간도 넘게 걸려. 어떤 사람은 송도에서 노원구까지 가고 그랬대. 왜 그런 식으로 배치한 거야? 우리 동네에서도 보는 데 많더만. 싸트 고사장은 항상 멀었어.

존슨 그거 일부러 멀리 떨어트려 놓은 거 아닐까? 이렇게 먼데 올 테면 와봐, 뭐 이런. (웃음)

철수   그럴 수도 있고. (웃음) 완전 사는 데랑 정반대로 배치한 거 같애. 암튼 갔는데, 왜 삼성 싸트 가면 초콜릿 같은 거 책상에 놓여 있고 그랬잖아. 근데 이제는 그런 게 없더라고. 수성 사인펜이랑 화이트도 옛날엔 다 공짜로 줬는데. 그래서 내가 지금도 예전 싸트 때 받은 화이트를 쓰고 있고. (웃음) 근데 이번에는 안 주더라고. 수성 사인펜이나 이런 거 없는 사람 손들어라 해서 나눠주고.

존슨   음…… 비용절감 해야지.

철수   그리고 수험표, 이거를 꼭 출력해오라 그러더라고. 난 몰랐지. 그래서 안 해갔는데 씨바 출력 안 해온 사람 나와서 이름 적으래.

존슨   (웃음) 칠판에 이름을 적으라니. 혁신적이네.

철수   (웃음) 그래서 이름 써놓고. 그 강의실에 30명 정도 있었는데 딱 두 명이 없더라고. 시험 시간은, 인성 부분이 없어졌다고 해서 일찍 끝날 줄 알았는데, 와 씨 총 137분을 봐. 8시에 가서 12시 반에 끝나더라고. 암튼 이번에는 언어나 이런 건 괜찮았는데, 와 수리랑 추리가 졸라 어렵더라. 나 추리는 한 10문제 푼 거 같아. 야, 넌 추리 잘했냐?

존슨   어. 난 존내 잘해.

철수   그럼 다 풀었어? 옛날에?

존슨   다 풀진 못했지. 한 두세 문제 남겼을 걸?

철수   아 진짜로? 그걸 다 푼다고?

존슨   어. (웃음)

철수   너 확인할 길 없는 말 하지마, 이 X새끼야. (웃음)

존슨　야 그래서 너 못 푼 거는 마킹 했어, 안 했어?

철수　했는데. 넌 안 하냐?

존슨　나는 안 해. 붙어본 내가 보장하는 건데 안 하는 게 낫습니다!

철수　야, 근데 해서 붙은 애들도 많아. 답이 없다 그러잖아 이거는. 근데 이번 난이도는 확실히 어려워졌더라. 원래 추리 나도 좀 풀었거든. 와 이번에는 손을 못 대겠어, 진짜. 졸라 어려운 거야.

존슨　그러면 그냥 직무적성 영역 같은 건 다 똑같고 그냥 인성만 없어진 거야?

철수　어. 근데 상식도 좀 어려워졌더라고. 옛날에 상식 같은 거는 좀 그림 있는 문제도 있고 그랬잖아. 미술작품 놓고 이건 무슨 그림인가, 그런 거 싹 없어지고. 아예 경제랑 사회, 이런 문제들만 있더라고. 그래서 더 어려워. 그리고 텍스트가 많으니까 오래 걸려. 몇 문제 못 풀었어.

존슨　거기 상식이 언론사 상식보다 어렵지 않냐?

철수　일단 삼성 관련된 문제가 좀 나오니까 짜증나더라고.

존슨　어 그렇지.

철수　아무튼 씨, 싸트…… 떨어졌어.

존슨　음…….

철수　근데 싸트 끝나고 나서 페이스북을 딱 보니까 그 뉴스피드에 있는 거의 대부분의 글들이 다 싸트 관련된 거야. 다 싸트 보고 나와서 소회를 밝히더라고. 싸트 참…… 그 얼마나 큰…… 그런 생각이 들더라고.

존슨　안타깝다.

철수　뭐, 왜?

존슨　니가 안타깝다.

철수　내가 왜? 난 재밌어. 뭐 이런 날 핑계로 한 번씩 일찍 일어나고……. (웃음)

존슨　(웃음)

철수　그리고 CJ도 인적성 보고 왔는데. 내가 삼성 싸트 칠 때는 8시까지 갔었는데, CJ는 9시 50분까지 입장.

존슨　오 좋네. 어디서 봤어?

철수　우리 동네 옆에 있는 관악고등학교. 영등포. 뭐 괜찮았어. 좀 간단명료하더라고. 싸트는 영역별로 무슨 영역 몇 분 풀고 이러는데 여기는 95문제를 통으로 주고 50분 동안 푸는 거야.

존슨　아 맞아. 그게 영역이 따로 나눠져 있지 않고 골고루 나오지? 1번이 수리면 2번이 언어 이렇게.

철수　어. 비슷한 유형이 계속 나와. 영역은 한 네 개밖에 안 되는 거 같고. 수열, 도형, 단어 맞추는 거, 그다음 수학 문제. 뭐 이런 정도. 싸트보다 훨씬 쉽더라. 이게 풀리니까 재밌는 거야. 그래서 시간 생각 안 하고 막 풀었어. 그러다 어느 순간 시간 보니까 10분도 안 남았는데 반도 넘게 남은 거야. 넋 놓고 있었던 거지. 이건 시간 분배를 해서 빨리 빨리 넘어가야 되는데, 재미있으니까 도형도 돌려 보고…… 문제에 빠져갖고. (웃음) 이게 그 CJ 노래 때문에 그런 거 같애. 거기 9시 50분에 도착하면 그 노래가 계속 나오거든. 버전이 세 개야. 윤도현이 부른 거랑 성시경이랑……

존슨 맞아. 인적성 고사장에 일찍 가는 놈들 있잖아. 한 8시 반 정도에 도착하는 놈들은 시험 보기 전까지 두 시간 동안 계속 그거만 듣고 있는 거야.

철수 (웃음) 몇 명은 흥얼거리더라고. 거기서, 진짜로. '위 아 더 베스트~ 씨제이~' 막 있잖아. (웃음) 난 그 세 가지 버전을 다 들었어.

존슨 아, 맞다. CJ는 면접도 재미있는 게 있었어. 제작PD 면접 말고, 내가 예전에 CJ E&M 음악콘텐츠 기획 면접 볼 때 마지막 전형. 팀을 둘로 갈라놓고, 두 팀이 협상하게 하는 거지. 각 팀이 달성해야 할 목표가 있는데, 예를 들어 이 팀은 어떤 상품을 이 정도 단가 이하로 상대팀으로부터 따내야 하고, 다른 팀은 그 단가 이상으로 팔아야 하고. 뭐 제작기간을 3개월 이상으로 받아내라, 이런 식의 서로 다른 달성 목표들이 있는 거지. 이런 조건을 준 다음에 서로 협상해서 최대한 얻어낼 수 있는 만큼 얻어내라. 그거 재미있더라. 술자리 게임으로 해도 될 거 같애. (웃음)

현대오일뱅크, 코리아헤럴드, SBS뉴스텍 인적성 전형

철수   내가 전쟁을 치렀어, 현대사옥에서. 오일뱅크 인적성.

존슨   그 토익 스피킹이랑 라이팅도 보고?

철수   라이팅은 그다음 날.

존슨   근데 토익 진짜 거기서 하는 거랑 똑같애?

철수   YBM에서 주관하는 진짜 토익 스피킹, 라이팅을 치는 거야.

존슨   그러면 그거 나중에도 쓸 수 있는 거 아냐?

철수   없어, 없어.

존슨   에이 X같네.

철수   그냥 오일뱅크 안에서만 이용되는 거야. 어쨌든 일요일 날 가서 인
     성 면접을 보고.

존슨   그래도 토익 스피킹 한 번 치는 것도 존내 비싼데, 그걸 공짜로 경
     험할 수 있는 거잖아.

철수   뭐 그냥 모의고사라고 생각하면 되는 거지. 암튼 일요일은 인적성

을 봤고. 근데 뭐 인적성 괜찮더라고. 한자도 어렵지 않고. A4용지보다 좀 큰 종이에 25문제 나와서 쓰는 거야.

존슨 25문제 나왔어? 많이 나왔네.

철수 그냥 한자 시험 시간이 따로 있어.

존슨 그러고 보니까 조선일보 한자 시험 때.

철수 맞다, 너 하나도 안 썼다고 했지?

존슨 어. 그래도 붙은 거 보니까 역시 한자 시험은 그렇게 중요하지 않나봐. 신문사에서 그랬는데 하물며 오일뱅크 같은 데서 보겠어?

철수 회사 이름도 영어인데 한자가 무슨 상관이야? 암튼, 그러고 나서 토론 면접을 봐.

존슨 그 인적성은 뭐였는데? 한자랑 국어, 수학 이런 거 했나?

철수 어. 언어, 수리, 그다음에 인성. 그렇게 봤는데 그냥 뭐 BC카드 같은 데랑 똑같은 거 같더만. 같은 유형이야. 그러고 나서 토론을 하는데 토론주제는 청년 고졸 채용 문제. '대기업에서의 고졸자 채용, 어떻게 생각하느냐' 이런 거 찬반 나눠서 했는데 뭐 그냥 형식적이었어. 사실 뭐가 당락을 좌우할지 모르겠어. 아 근데, 뭐냐 이 면접자들에 대한 배려가 좀 없는 게. 조를 나눠서 반은 식당에서 기다리게 하더라고. 따로 대기실 같은 게 없어.

존슨 얼마나 걸렸냐?

철수 8시에 시작해서 한 네다섯 시간 정도. 그러고 나서 그다음 날 신촌 YBM학원에서 스피킹이랑 라이팅 시험을 봤지. 스피킹 졸라 어렵더만. 하나는 그냥 모른다고 말하고 넘겼어.

* * *

철수　그다음 코리아헤럴드 미디어경영직 인적성. 여기는 기자 전형이랑 똑같데. 와…… 기자 되기 졸라 어렵더만. 문제는 한 40, 50문제 되나? 아니 30문제 이상. 근데 시간은 한 시간 줘. 진짜 어렵더라.

존슨　상식문제 같은 거지?

철수　상식, 시사, 뭐 한자까지. 한자 진짜 졸라 어렵더라. 몇 문제 제대로 못 풀었어.

존슨 내가 말했잖아. 한자는 어쨌든 비중이 크지 않대.

철수 1교시 보는데 그 다오위다오, 센카쿠열도 그런 거 관련해서 물어보고. 연금저축, 재형저축 뭐 그런 시사상식. 특히 경제 관련해서는 졸라 전문적인 게 많더라고. 진짜 답을 아예 못 쓸 정도로. 내가 요즘 신문을 잘 안 봐서 그런가.

존슨 재형저축?

철수 어. 너 뭔지 알아? 나도 잘 몰라서 못 썼어. 근데 그날 졸라 웃겼던 게. 내가 종로구 북촌한옥마을 근처에서 시험을 봤는데 시험 끝나고 1시쯤에 나왔거든. 그래서 걸어가는데, 그쪽에 아줌마들이랑 데이트 하는 연인들 많잖아. 거기 내려가면서 '아 씨바, 재형저축이 뭐지' 이런 생각하면서 검색해보려는데 놀러온 아줌마들이 썬캡 쓰고, 돗자리 펴고 앉아서 막 얘기를 하고 있는 거야. '너 그거 들었어?' '뭐?' '재형저축 있잖아.' (웃음)

존슨 (웃음)

철수 (웃음) 내가 진짜 깜짝 놀라서 '뭐야' 이러고 있는데 그 아줌마가 다른 아줌마한테 막 설명을 해주는 거지. 재형저축이 어쩌고저쩌고…… 아 진짜 이런 정도는 상식이구나, 그런 생각이 들더라고.

존슨 근데 재형저축이 뭐냐?

철수 어…… 난 아직도 잘 모르겠어. (웃음)

존슨 너 그러면 40~50문제 중에 몇 개 썼어?

철수 반 정도 썼나? 아니 반도 못 썼을 거야. 근데 부분점수가 많더라고. 괄호 채워 넣고 이거 쓰면 1점 뭐 이런 식으로 되는 거 같아.

존슨 몇 명이나 봤어?

철수 60명 정도.

존슨 그게 경영직만?

철수 어. 근데 교실을 두 군데로 나눠서 봤는데. 좀 결원이 있는 거 같애. 적어도 다섯 명 정도? 2교시는 작문 시간이었는데, 야 대박이더라. 나는 그런 거 처음 해보잖아. 작문 주제가 한 글자야. '성.'

존슨 음……

철수 그러니까 섹스에 관해서 써도 되고, 무슨 성공에 관해서 써도 되고. 자유지. 근데 어떤 여자애가 계속 질문을 하는 거야. 그냥 대충 알아들으면 되는데 '성공 써도 된다는 거면 성 자 들어가는 아무거나 써도 된다는 건가요?' 이러면서. 거기 감독관이 뭘 알겠어. '네, 뭐 어쨌든 성이라는 글자만 관련되면 가능할 거 같습니다.' 그랬는데 조금 있다가 '성공과 실패 이런 거 해도 되나요?' 이러는 거야.

존슨 아오. (웃음)

철수 (웃음) 웃겼지. 어쨌든 나도 고민을 많이 했지. 뭘 써야 되나. 좀 막막하잖아. 1,400자 이상을 쓰라는데.

존슨 언론사 작문 시험에 그런 거 되게 많아. 예전에 SBS 같은 경우엔 '피' 이렇게 딱 하나 놓고 그걸로 작문하라 그러고. 신문사 중에선 그런 것도 있더만. 김정일이랑 김대중이랑 신정환이었나, 이렇게 별 관련 없는 사람 세 명이 나와서 대담을 하는 걸 써봐라. 졸라 막막하지.

철수 그러네. 시간이 긴 것도 아니고.

존슨   그렇지.

철수   나는 뭐를 썼냐면. 아주 기가 막히지. 한 시간이 주어졌는데 15분, 20분을 생각만 했거든. 그래서 생각한 게, 소설을 쓰자. 제목은 그 남자의 이야기. 어떻게 보면 내 자전적인 이야기일 수도 있고. 첫 번째 이야기, 두 번째 이야기, 세 번째 이야기. 첫 번째 이야기는 그 내 첫 경험을 좀 각색해서. 두 번째 이야기는 21살 두 번째 제대로 경험. 세 번째는 현재의 현실적인 섹스⋯⋯ 뭐 그런.

존슨   (웃음) 아니 왜 취직시험에 너의 성생활을⋯⋯.

철수   아니 내 얘기가 아니고 '그 남자' 이야기라니까. 물론 내 이야기도 섞여 있지만.

존슨   떨어지겠네. (웃음)

철수   야, 졸라 잘 쓴 거 아니냐? 나 이거 쓰고 나서 '아, 나 붙었다' 이런 생각했는데.

존슨   아니 내가 볼 땐, 그렇게 소설같이 쓰면 잘 안 되는 거 같애.

철수   그럼 뭐를 써야 돼?

존슨   뭔가 좀 시사적인 메시지를 담아야 잘 되는 거 같더라고. 내가 CJ E&M 제작PD 작문 시험 봤을 때 주제가 강남스타일과 글로벌을 묶어서 쓰는 그런 거였는데. 아니, 글로벌과 트렌드였나? 뭐 어쨌든 나는 논술형 작문처럼, 강남의 초등학생 시점으로 글을 쓰면서, 세계가 강남스타일에 열광하는데 진짜 강남스타일이 뭐냐, 사교육에 찌들어서 사는 강남의 아이들, 이게 현실의 강남스타일이다. 이게 제대로 된 거냐, 그런 식으로 메시지를 던졌지. 죽이지 않냐?

철수 별론 거 같고. (웃음) 아니 근데 뭔가 발상적인 면을 보면…… 미디어경영직이잖아. 기자들보다 작문 연습은 안 한 사람들일 거 아냐?

존슨 야, 아무리 미디어경영직이라도 그렇게 주구장창 섹스 얘기만 해놓으면 보수적인 언론에서 뽑아주겠어?

철수 아니 근데 굉장히 담담하고, 건조한, 간결한 문장으로 썼어. 첫 문장이, 이것은 나의 얘기일 수도 있고 당신의 얘기일 수도 있다.

존슨 (웃음) 근데 작문이란 걸 평가하는 게 진짜 주관적이잖아. 그래서 어떻게 될지 몰라. 결과는 나왔나?

철수 떨어졌지.

존슨 (웃음) 결국 그 작문이…….

철수 아니 근데 이게 만약에 출판사 시험이었다면 내가 붙었을 거야.

존슨 일본 망가 출판사 같았으면 붙었을 수도……(웃음) 아니, 섹스 얘기를 쓰더라도 좀 개인적인 차원에서 시작해서, 사회적인 차원으로. 사회적인 섹스, 공공재로서의 섹스…… 어? 그렇게 말이야.

＊ ＊ ＊

존슨 나는 SBS 뉴스텍 필기 봤는데, 뭐 어느 정도 예상은 하고 있었지만 떨어졌어. PD가 아니라 촬영감독이었거든. 필기시험 중에 전문적인 지식을 물어보는 게 많더라고. 그러니까, 뭐 이런 거. 피치 못하게 주광이 강한 시간대에 새벽 분위기 나게 촬영을 해야 되는 상황에 있다, 그러면 어떤 영상기법을 동원해야 하나.

철수 졸라 어렵네. 넌 뭐라고 썼는데?

존슨 최대한 그늘진 곳에서 촬영한다.

철수 …….

존슨 …… 떨어졌지. 근데 방송사 가보니 좋더라고.

철수 SBS? 그 목동?

존슨 어. 근데 전에 SBS 뉴스에서 그런 보도를 한 적이 있대. 기업에서 1차 면접이나 2차 면접 볼 때 서류 내라고 그러잖아? 그 졸업증명서랑 성적증명서랑 토익 이런 거. 그거 내는 게 만만치 않게 비용이 들어간다고. 취준생들 가뜩이나 어려운데 그거 확인만 하고 돌려주자, 뭐 그런 캠페인을 했대. 근데 진짜 돌려주더라.

철수 아 나도 언론에서 본 거 같다. 그 서류들 회수가 안 된다고. 개인정보 이런 것도 있는데 기업에서 지원자들한테 돌려주지 않는다는 거지.

존슨 그게 SBS였나 보네. 암튼 거기서는 확인하자마자 돌려주더라고. 그리고 좀 웃겼던 게 필기를 보는데 갑자기 인사팀장을 부르더니, 금번 채용을 담당하실 인사팀장입니다, 하더니 그 인사팀장이란 사람이 막 인사를 하고 일장 연설을 시작하더만. 교장선생님처럼.

철수 훈화 말씀하듯이?

존슨 어. 암튼 내가 말하고자 하는 건…… 떨어졌어.

조선일보, LG U+, JCE, 대한항공 면접 후일담

존슨 조선일보 최종면접을 봤는데, 아 신선하더라고.

철수 최종이 임원진 면접이지?

존슨 어. 내가 지금까지 많은 임원진 면접을 봐왔는데 진짜 평균 연령대가 이렇게 높은 경우는 처음이었어. 할아버지뻘 되는 분들, 아홉 분이 원탁에 쭈르르륵 앉아 계셨지. 무슨 프리메이슨 장로회의하는 것처럼.

철수 (웃음) 어.

존슨 그리고 한 명만 들어가는 거야, 면접자는. 그러면 아홉 명이 한꺼번에 보고 있는 거지, 나를. 그 원탁에 앉아서. 그 원탁이라는 게 상징적인 의미가 있는 거 같은데, 암튼 내가 가운데 딱 앉고, 아홉 분이 삥 둘러앉아서 압박하더만. 내가 봤을 땐, 일부러 면접자들한테 압박감을 주려고 그런 거 같애. 그걸 어떻게 견뎌내는지 보려고. 근데 뭐 나는 그냥 허허허허 웃으면서 했고.

철수 아 진짜로? 웃으면서 했다고?

존슨 당연하지.

철수 웃음이 나오냐?

존슨 야, 안 웃겨도 웃어야 돼. 내가 그때 면접 대기할 때도 인사팀 사람이 그런 말을 하더라고. 최종면접에서 면접관들의 웃음이 터지면, 그럼 거의 다 좋은 결과가 나오게 돼 있다고.

철수 어, 나도 예전에 금융그룹. 거기 볼 때 그랬던 거 같네.

존슨 거기 말고는 면접 때 웃었던 적은 없었냐?

철수 아, 나는 저, LG유플러스. 그 면접 볼 때 나보고 좀 웃으라고 그러더라고.

존슨 너 보고 웃으라고? (웃음)

철수 내가 너무 경직돼 있으니까 면접관이 한번 웃고 시작하자 그러더니, 그 사람이 으하하하! 하고 웃는 거야.

존슨 (웃음)

철수 그러고 나서 나도 웃어보래. 다 같이 한번 웃어볼까, 이러면서 또 으하하하. (웃음)

존슨 으하하하.

철수 나도 같이 으하하하 웃다가 다시 경직된 표정으로, 죄송합니다, 이러고 다시 시작했지.

존슨 괜찮은데? (웃음)

철수 근데 그 금융그룹이랑은 차이가 있는 게, 거기 있는 면접관들이 LG유플러스 안 좋은 점을 졸라 얘기하더라고. 내가 계속, 그래도 다니고 싶다, 이랬더니 '그래요?' 그러면서.

존슨 아아.

철수 내가 LG유플러스에 들어가서 어떤 걸 해나가고 싶다 그랬더니. 그래요? 힘들 텐데, 막 그러는 거지. 뭐 하고 싶다, 그러면 우리 회사가 그런 게 되나, 계속 그러는 거야.

존슨 근데 그런 게 오히려 오픈돼 있는 문화가 느껴지지 않냐. 보통, 좀 뭐랄까, 심적으로 여유롭게 다니는 사람들이 오히려 그런 식으로 많이 얘길 하잖아.

철수 그 금융그룹 때와는 확 달랐지. 거기는 충성심이 엄청났거든.

존슨 그런 데가 오히려 존내 무서워.

철수 자기네 회사 얘기할 때 거의 진짜 눈에 눈물이 고여.

존슨 (웃음) 키야~ 뿅 맞은 거야, 뿅.

철수 나는 그게 어떤 인사부의 악어의 눈물일 줄 알았거든. 우리를 속이려고. 근데 그게 진짜더라니까.

존슨 그런 곳에선 그런 마인드로 일하지 않으면 살아남을 수가 없는 거야, 시발.

철수 그치.

* * *

존슨 넥슨 계열사 JCE 인적성. 여기도 보고 왔는데, 사람이 엄청 많더만. 넥슨 계열사들 한꺼번에 모아서 보더라고. 근데 특이한 게 계열사

간에 중복 합격한 사람들도 몇 명 있었나 봐.

철수 아 진짜로? 인사 체계가 덜 잡혔구만. (웃음)

존슨 인적성을 보는데 조를 나눠 놓았더라고. 거기 딱 도착했을 때 사람들이 쫙 기다리고 있길래 뭔가 했더니, 조를 나눠서 시험을 보니까 해당 조가 아닌 애들은 밖에서 존내 기다리고 있는 거야.

철수 대부분 그러지 않냐? 조를 나눠서 어떤 조는 무슨 면접을 먼저 보고, 다른 조는 인적성을 먼저 보고. 그렇게 로테이션하는 시스템이 잖아, 보통.

존슨 그런가? 그런데 여긴 인적성만 봤는데? 보통 인적성은 한꺼번에 보지 않냐?

철수 아닌 데도 있어. 다 같이 보는 데도 있고.

존슨 아무튼 내가 그때 JCE에서 시험을 보면서 진짜 피가 되고 살이 될 만한 교훈이 하나 딱 생각이 나더라고.

철수 뭔데?

존슨 시험이나 면접을 보기 전에 똥을 쌀까 말까 고민이 된다, 그러면 무조건 싸야 돼.

철수 야 씨바. 그게 뭐냐.

존슨 내가 그날 진짜, 내 평생 그렇게 진짜.

철수 아무튼 그건 거기까지…….

존슨 아오, 참다 참다 진짜, 나의 모든 역량이 거기에 집중되더라고. 내가 29년 동안 이룩해온 나의 모든 인생이 그 순간 나의 똥꼬에 집중되는 기분이었다고. 그 기분 알겠냐?

철수　……음.

존슨　그래서 진짜 계산기 누를 힘도 없어서 그냥 계산기 버튼 위에 손가락을 얹어두고 부들부들 떨고만 있었는데…… 그런데도 내가 붙고 다른 사람이 떨어진다면, 그 사람은 내 똥꼬에 집중돼 있던 99%의 실력을 제외한 1%의 실력에도 못 미치는…….

철수　야 이 색기야, 거기까지 하고. 거기 회사는 어떻던?

존슨　건물 좋던데. 여의도 태영빌딩인가 그랬는데. 암튼 인적성이 존내 간단하더라고. 국어, 수학만 보는데 한 시간도 안 걸렸어.

철수　아 계산기 주고 풀었다 그랬지?

존슨　어.

철수　하나금융그룹이랑 똑같네. BC카드도 그렇고.

존슨　그게 문제를 외주 주는 거잖아. 그래서 내가 작년에 인적성을 보는데 문제가 똑같은 것도 몇 개가 있었어. 그러니까 한두 군데가 아니라 세 군데 정도, 문제가 진짜 똑같은 게 나왔더라고. 아마 난 만점 받았을걸. 시발, 깜짝 놀랄 거다. (웃음) 아, 근데 거기서 무슨 비디오를 계속 틀어주더라고. 채용 홍보하려고 만들어놓은 거 같은데 그 채용설명회에 온 학생들 인터뷰를 존내 했어. 학생들 한 열두 명이 나오는데 뉴스 인터뷰 자막처럼 이름 밑에 그 직업 쓰는 데 있잖아. 거기에 다 취준생이라고 써놓았더라고, 시발. 그냥 학생이라고 쓰지.

철수　(웃음)

＊ ＊ ＊

존슨　그리고 대한항공 면접. 뭐 예상은 했지만 면접비를 안 줬어, 시발.

철수　음. 그래서 진짜 욕을 먹어, 거기가.

존슨　아니 나는, 좀 뭐랄까. 내 고정관념으로는 항공사라니까 뭔가 좀 열린 문화 이런 거를 기대했는데, 아 사람들이 딱딱하더만.

철수　거긴 원래 안 좋은 걸로 되게 유명하던데?

존슨　조를 나눠가지고 면접 대기하는데. 한 조 끝나고 그다음 조 들어오라 그럴 때, 면접관이 종을 울리더라고. 땅, 땅. 벨보이 부르는 종 있잖아, 그걸 땅땅 울리면 밖에서 정자세로 서 있던 인사팀 사람이 딱 들어가서 '네! 알겠습니다' 하고, 다음 조 사람들 들어가세요, 그래.

철수　(웃음) 아, 진짜?

존슨　아, 좀 그렇더만. 그리고 거기는 서류에서 별로 안 거른대. 1차 면접에서 존내 많이 거른다 그러더라고. 그 1차 면접 때 경쟁률이 한 8 대 1, 10대 1 그 정도 됐어.

철수　음.

존슨　아무튼 질문 자체는 평이하더라고. 준비 안 해도 될 법한 면접이었어. 프레젠테이션 한 5분 하고, 질문 2개 정도 받고. 프레젠테이션도 딱히 어려운 게 아니라, 선택지가 한 6개 정도 있는데, 거기서 하나 골라서 하는 거지. 나는 뭐 했냐면 '직장 내 소통문화를 강화시키기 위한 방안이 뭐가 있겠냐' 그거.

철수　일반적인 주제네. 대한항공 관련된 주제는 없었어?

존슨   하나 정도 있더라. 항공사 관련된 주제로. 나머지 다섯 개는 뭐 그냥 싸이의 강남스타일이 열풍인데, 한류 열풍을 지속하기 위한 방안, 뭐 그런 쌩뚱 맞은 것들.

철수   몇 명이서 봤어?

존슨   한 조에 여섯 명 정도.

철수   인성도 같이 들어가서 봐?

존슨   그치. PT도 그 자리에서 그냥 서서 발표하는 거고.

철수   야 근데 PT 할 때 안 떨리냐? 나는 졸라 떨리던데.

존슨   나는 안 떨지. (웃음)

철수   나는 오히려 인성면접 할 때는 대화를 하는 거니까 덜 떨리는데, PT는 딱 서서 하는 거니까 이게 말이 막 꼬여. 시간도 생각해야 되고 그러잖아. 3분 내에 말하기.

존슨   그러니까 대학생활 할 때, 막 발표하고 이런 거 있잖아. 그럴 땐 무조건 발표를 해야 돼.

철수   아, 난 발표 안 하고 자료조사만 했는데.

존슨   난 발표만 존내 했지.

철수   야 이 씨, 너는 옛날부터 나대는 걸 졸라 좋아했잖아, 이 얼빠진 시키야.

존슨   어. 나 좀 좋아해.

철수   …….

존슨   …….

철수   근데 진짜로 이게 취준생들이 발표 스킬을 늘릴 수 있는 방법이 제한적이야. 이제 와서 씨바 PT를 스터디 하는 것도 그렇고. 스터디 원이랑 PT연습을 한다? 아오 그건.

존슨   그치. 몇 번 같이해서 익숙해진 스터디원들이랑 PT 연습하는 거랑 진짜 면접 가서 하는 거랑은 차원이 다르지.

철수   긴장감의 정도가 달라.

존슨   암튼 뭐랄까. 제일 우선적인 거는 릴랙스. 천성이 좀 긴장을 안 하는 타입이면 유리하지. 그게 어쩔 수 없는 문제라면…… 면접 많이 보다 보면 뭐, 어떻게 조금씩은 나아지겠지. 어쨌든 될 놈은 되고 안 될 놈은 안 되는 거야.

철수   (웃음) 스터디는 불안한 심리를 좀 덜려고 하는 것 그 이상은 아냐.

존슨   그래. 니가 자소서 계속 쓰는 거랑 비슷한 심리지.

철수   그거는 내 하루 일과야. (웃음)

금융권 그리고 하나다올신탁 면접

철수   요즘 금융권 면접 후기가 많이 올라오더라고. 나도 꽤 많은 은행 면접을 가본 입장에서 말하자면. 우선 제일 낙후된 면접 분위기를 자랑하는 건 국민은행. KB. 거기는 충청도에 위치한 연수원으로 개별 입소하라고 그랬대. 다른 데 같은 경우는 본점에서 버스 타고 연수원까지 가는데. 풍문인지는 잘 모르겠지만, 국민은행은 직접 연수원까지 가야 되는.

존슨   (웃음) 이야, 그건 좀 심하네.

철수   그다음 하나은행. 여긴 내가 몇 번 얘기했지만, 채용 프로세스가 진짜 X같애. 연수원 가서 인적성 보고, 거기서 게임하고, 토론, PT 면접 다 하고. 그다음 또 인적성 보고. 또 논술 보고.

존슨   그게 다 무슨 의미야?

철수   그러니까 왜 인적성을 두 번씩이나 보는 거냐고. 취준생 입장에서는 들이는 시간과 공력을 최소화하는 게 좋은데.

존슨 우리은행은 어때?

철수 거긴 합숙 면접. 1박 2일로.

존슨 그래? 난 솔직히 합숙 면접 왜 하는지 모르겠어.

철수 내 말이. 신한은행 같은 경우는, 아침에 신한 본점에 선배들이 7시에 나와서 커피 주고 그러면서 잘 보세요, 한단 말이야.

존슨 가식이네.

철수 아니 근데 지원자들 입장에서는 새롭지. 좋은 이미지를 주는 거고. 또 면접 과정을 굉장히 편하게 해. 계속 면접관이랑 같이 밥 먹고, 같이 돌아다니면서 아이스크림 먹고 그러면서. 면접이 6시 쯤 끝나는데 그때 피자에 맥주 한잔 하고. 다 끝나고 갈 때는 면접관들, 한 열 명이 전부 좍 일렬로 서서 박수 쳐주면서 가는 거야.

존슨 (웃음) 아, 그건 좀 무섭네.

철수 살 떨리는 지원자들 입장에서는 그게 그렇게 고마울 수가 없는 거야. 그 이미지가 박히는 거지.

존슨 그럼 뭐하냐고. 딱 들어가면…….

철수 그치. 그래서 내가…… 뭐 암튼. 그건 그렇고. 하나다올신탁 거기 내가 면접 보고 왔는데. 거기는 1차 면접 날 7시까지 하나은행 본점 앞에 가서 버스를 타고 기흥 연수원으로 가는 거야.

존슨 용인시 기흥?

철수 어, 무슨 저수지 옆이야. 근데 도착하자마자 PT면접. 마케팅 방안에 대한 PT면접을 하고.

존슨 몇 명이나 있었는데?

철수 그날 한 300백 명 정도가 왔어. 하나SK카드랑 하나다올신탁이랑 같이. 하나다올신탁이 하나금융그룹에 편입된 지가 2년도 안 됐거든. 암튼 면접은 따로 진행을 하는 거고. 딱 보면 하나다올신탁은 외인부대야.

존슨 그럼 다올신탁은 몇 명 안 됐겠네?

철수 총 25명 왔어. 나머지 270명은 다 하나SK카드. 암튼 외인구단 같은 분위기에서 진행을 했지. 그리고 PT면접은 자료를 한 30페이지 정도 주는데, 그거도 다 SK카드 관련 자료야. 근데 회사 이름만 다올신탁으로 바꿔서 우리한테 주더라고. 따로 자료가 없더라. PT, 토론 면접하고 그다음에 인성 보고. 좀 쉬다가 게임 면접.

존슨 게임?

철수 어. 지하 강당에 모아놓고 막 둥글게 둥글게 시키는 거지. 거기서 적극성을 평가한다 그러더라고. 근데 나는 한마디도 안 했는데 열심히 하는 새끼들 있잖아. 막 박수치면서 뛰어다니는 애들 보면서 왠지 졸라 X같더라고.

존슨 짜증나지.

철수 아, 근데 그 면접 날 아침에 거기서 어떤 여자랑 딱 마주쳤는데. 나한테 '어?' 이러는 거야.

존슨 아 진짜? 그 국내 최대 금융그룹 소속······.

철수 어. 그 금융그룹 동기였는데. 걔가 실적 2위했던 애거든.

존슨 (웃음) 야, 넌 그런 거 맨날 검색하면서 동기랑 실적 경쟁했냐?

 철수 아니 거기선 매일매일 실적 업데이트가 된다고. 거기 들어가면 전

직원 실적을 쫙 볼 수가 있어. 근데 걔가 동기 중에서 실적 2위를 한 거야. 엘리트였지.

존슨 어쨌든 존내 조회했구만.

철수 아 그런 거를 시킨다니까. 실적 낮으면 높여야 되고. 항상 체크를 해야 된다고. 암튼 걔가 거기 있어서 깜짝 놀랐지. 니가 왜 여기 있냐고 서로 얘기 하는데, 걔는 SK카드에 지원했더라고.

존슨 카드사가 그렇게 좋은가? 은행 관두고 카드사 지원하게.

철수 은행에 있는 사람들의 꿈은 다 계열사야. 증권사 빼고. 카드사나 본사로 들어가는 게 꿈이지. 암튼 나는 왠지 잘될 거 같지가 않았어. 심지어 석사 출신도 있더라고. 신입인데. 거기다 두세 명 정도 뽑는데 25명이 봤으니까…….

존슨 뭐? 스물다섯 중에 두세 명 뽑는다고?

철수 어. 회사 규모가 백 명 정도밖에 안 될걸. 7명씩 들어가서 인성면접을 봤는데, 내 앞의 6명은 다 부동산 관련 과를 나오고 다 경력이 있더라고. 부동산투자회사 이런 데 나왔기 때문에 졸라 전문적으로 물어보는 거야. 무슨 개념에 대해서. 담보신탁이 뭐냐, 투자신탁에 대해서 어떻게 생각하느냐, 전망은 어떻게 생각하느냐. 근데 술술 나와 씨바. 난 졸라 똥줄 탔지. 근데 나한테는 바로 그냥 은행 왜 나온 거냐, 이런 거만 묻더라고. (웃음) 나를 아예 제외한 거 같아. 암튼 뭐, 아쉽지만 원점에서 시작해야 할 것 같은…….

그룹에이트 면접에 고하는
쓴소리 그리고 OB맥주

철수 그룹에이트. 여기 특이해. 서류가 목요일 마감이었는데, 나는 넉넉 잡고 월요일에 서류를 제출했거든. 근데 화요일에 연락이 와서 내일 면접 보러 오라는 거야. 수요일에. 서류 마감이 목요일인데 수요일에 면접을 본 거지. 근데 내 앞에 먼저 본 사람들도 있고, 나랑 같이 본 사람들도 있고, 내 뒤로 본 사람들도 있어.

존슨 그룹에이트가 뭐하는 데야?

철수 드라마 제작사인데 내가 지원했던 부서는 컨벤션 업무. 나도 몰라, 컨벤션이 뭔지. 근데 처음부터 물어보는 게, 컨벤션 업무 해본 적 없을 텐데 왜 지원했냐는 거야. 그래서 나는 신입의 마음으로 배우면서 일을 해나가고 싶다고 했지. 그러니까 배우려면 학원이나 학교에서 배우래, 무슨 일을 하면서 배우느냐고.

존슨 아니 그럼 왜 오라고 그랬어?

  철수 그러니까.

존슨 나도 예전에 무슨 투자하는 뭔가, 암튼 면접 보러 간 적 있는데. 하이페리온 같은 데서 근무를 하더라고. 4~5명이 그 으리으리한 데서 각자 방에 앉아서 일을 하는 거야. 무슨 영화에서 보는 그런……

철수 사기꾼? (웃음)

존슨 어. (웃음) 그때 거기서도 나한테 그러더라고. 너 이런 거 무슨 일인지도 모르면서 왜 지원했느냐. 그래서 아니 그럼 왜 뽑았어요, 그랬지.

철수 진짜? (웃음) 암튼 그룹에이트 거기서 나랑 옆 지원자한테 무슨 개념 같은 걸 물어보더라고. PCO가 뭐냐고.

존슨 PCO가 뭔데?

철수 모르겠다고 그랬지. 근데 막 웃는 거야. 고개 숙이고 피식거리면서 비웃는 거 있잖아.

존슨 X같네.

철수 어. 아니 이건 도대체 뭐하는 건가, 그런 생각이 들더라고. 내 옆에서 같이 면접 본 애가 있었는데, 그 놈은 드라마 제작팀에 지원을 했는데 착오가 있었는지 컨벤션 업무 면접을 들어온 거야. 걔한테도 그거 PCO가 뭐냐고 물어봤는데 모르니까 졸라 비웃는 거야. 나보다 어린놈들이었는데. 아 씨바.

존슨 솔직히 회사 들어가서 일해보면 학교 같은 데서 배운 거 존내 쓸데없어.

철수 그러니까.

존슨   가서 배우면 금방 배우는 것들인데, 그게 뭐 대단한 거라고 면접 보
러 온 사람을 비웃어, 비웃길!

철수   내가 '나는 국내 최대 금융그룹 소속으로 일했을 때도, 그 전에 출
판사 열어서 일을 했을 때도, 다 하면서 배우고 숙련되어가고 그랬
다. 나는 배우면서 최고의 인재가 되려고 한다' 그런 식으로 침착하
게 얘기했는데, 그래도 학원 가서 배우라는 거야.

존슨   아오.

철수   그리고 희망 연봉 있잖아. 나는 그냥 일반적으로 '내규에 따름'이라
고 적었는데 옆에 있던 애는 적었나봐. 개한테 또 묻더라고. 이 정
도 받을 거 생각하고 지원했냐고. 그래서 개는 그냥 평균연봉이라
고 생각하고 적었다고 하더라고. 그러니까 그쪽에서 졸라 어이없
어 하는 거지. 팀장인가가 옆에 있는 사람한테 '이거 받으려면 몇
년 일해야 되냐' 이러는 거야. 옆에서는 '한 3년, 4년?' 이러고. 그래
서 아니 얼마를 적었길래 저러나 싶었지, 나는. 그래서 면접 끝나고
개한테 물어봤어, 얼마 적었냐고. 3천 적었다더라. 3, 4년 일해서 3
천…….

존슨   근데 보통 그 업계가 그럴걸. 외주 제작사에서 3, 4년 걸려서 그 정
도 받으면 꽤 많이 주는 걸 거야.

철수   그래? 근데 얘기 들어보니까 벽보 붙이고, 현수막 붙이고, 그런 일
도 많이 한다는데, 아니 그런 일 하면서 씨바 전문지식 좀 모른다
고 비웃고 말이야. 암튼. 뭐 면접은 서로 탐색하는 과정이잖아. 그쪽
에서만 날 보는 게 아니라 나도 그쪽을 평가하는. 붙어도 안 가려고

그랬는데 떨어졌더만. 씨바.

존슨   이 색기, 그래도 붙었으면 갈 거면서. (웃음)

철수   아무튼 그룹에이트는 그렇고. 그다음 OB맥주. 여기도 할 말이 많아. 내가 아침 9시 반까지 거길 갔는데, 제대로 된 대기실 자체가 없어. 자기네 회의실들 몇 개를 막 밀어놓고 대기시키다 사람들 더 오니까 다른 회의실 또 비워서 대기시키더라고. 그리고 광고 틀어 놓는 그런 거 있잖아, 자기네들 여름에 해운대에서 비키니 페스티벌하고 그런 영상. 그걸 면접자들 모아놓고 틀어주고.

존슨   선진적이구만.

철수   (웃음) 그리고 조가 있는데. 총 10명 정도씩 나누는 거 같애. 우리 조에서 2명인가 안 와서 9명 됐고. 조별로 처음에는 인성 면접, 두

번째는 토론이랑 PT를 같이하는 거야. 담뱃값 인상과 술에 대한 규제, 그런 자료를 보여주더라고. 이제 학교에서 못 마시게 하고, 아이돌 모델 못 쓰게 하는데, 이런 여러 규제 상황과 관련해서 SWOT 분석을 해라, 그런 거지. 토론도 잘하고 PT도 뭐 잘했어. 인성 면접에서는 한 조가 다 같이 들어가는데 시간이 되게 오래 걸려. 한 질문 물어보면 그 10명이 계속 돌아가는 거야. 근데 계속 하다 보니 좀 루즈해진다고 해야 하나. 다 입에 발린 소리들만 하니까. 그러다가 나한테 퇴사하고 뭐했냐 물어보길래, 〈취업학개론〉 방송 얘기를 꺼낼까 하다가 그냥 뭐, 앞으로도 오랫동안 일할 거기 때문에 조금 휴식을 가졌다, 이런 식으로 얘길 했지.

존슨 아휴, 그래도 뭐라도 얘기를 하는 게 낫지. 보아 하니 또…….

철수 아니, 그러면 거기서 너라면 뭐라고 얘기해?

존슨 뭐든 했다고 그래야지. 뭔가 구미를 끌 수 있는 내용 있잖아. 그러니까, 뭔가 증거를 제시할 수는 없어도 말이야. 나는 그런 소리도 했으니까. 소설을 한번 써보려고 식음을 전폐하고 반년 동안 틀어박혀서 글만 쓰기도 했다. 뭐 확인할 길은 없어도 딱 듣기에 '그래도 이 색기 뭔가 병신은 제대로 병신이네' 이런 생각이라도 하지.

철수 ……음.

존슨 내 생각에 너는 취직하려면 먼저 너의 인성부터 어떻게 좀 해야 될 거 같다.

철수 야 인격적으로 문제 있는 건 너고. 아무튼 뭔가 의욕이 떨어지더라고. 계속 천편일률적인 질문들이 여기부터 열 명, 또 여기부터 열 명, 계속 이러니까.

존슨 무슨 인성 면접하는데 한 번에 9명, 10명 이렇게 보냐. 그래 놓으면 그게 무슨 면접이 되겠어?

철수 아무튼, 의욕이 생기지 않더라고. 내가 여기 왜 있나 그런 생각도 들었고. 아무튼 OB맥주는 떨어졌고, 그래서 하이트 진로를 썼어.

존슨 (웃음) 떨어지자마자 경쟁사를…….

철수 (웃음) 앞으로도 쓸 데가 많아. 그래서 오늘도 들어가서 자소서를 써야 하고.

존슨 (웃음)

대학내일 1차 면접 통과, 2차 면접은……

철수 대학내일 1차 면접 갔다 왔어. 그리고 오늘 발표가 났어.

존슨 됐어?

철수 어.

존슨 너 〈취업학개론〉까지 팔더니…… 이 얼빠진 색기야. (웃음)

철수 (무시) 2차 면접은 1박 2일 합숙면접인데 나는 적극적인 성격이 아니라서…… 장기자랑에 뭐에 혼을 팔아야 되잖아. 난 그래서 마음이 무거워.

존슨 너 대인기피증 있잖아. (웃음)

철수 아니, 그건 아니고. (웃음) 아무튼, 대학내일 1차 면접 후기에 대해 이야기해볼게. 우선, 과제가 하나 있었지. 페이스북에 올리는 공통 과제.

존슨 대학내일 페이스북에 〈취업학개론〉 페이지를 링크한 건가?

철수 아니 내 아이디로 올렸지, 시키야. 내 신상 털릴 수는 없으니까. 암틈, 나 같은 경우는 글을 먼저 써놓고, 거기에 맞게 〈취업학개론〉 녹음 현장을 찍어서 올렸지. 그냥 졸라 비루한 사진. 맨발에 맨다리를 그냥 찍어서 올렸으니까. 근데 다른 지원자들이 하는 걸 보니까, 거의 무슨 방송을 하나 만들었어. 무슨 영화처럼 엑스트라 동원해서 찍고, 은행 같은 데 가서 촬영하고, 어떤 사람은 여태까지 자기가 살아온 걸 다 사진으로 막 파노라마식으로 만든 거야. 어떤 사람은 누르면 넘어가는 블로그까지 올리고. 거의 뭐 최첨단을 가더라고. 마케팅 기획을 뽑는 분야인데 거의 마이너리티 리포트야. 난 그걸 보면서…….

존슨 아, 직무가 마케팅 기획이야?

철수 어. 그런데 사람들이 그러니까 괜히 주눅이 들더라고 사실.

존슨 야, 막 그러는 놈들도 있는 거고. 근데 오히려 건조하게 가는 것도 전략이 될 수 있는 거 같애. 내가 그때 CJ 얘기했었잖아.

철수 아 PD 오디션. 니가 그 상복 입고 운.

존슨 그건 내가 아니었고. (웃음) 나는 존내 건조하게 했는데 붙었잖아. 그리고 예전 종편 채널 중에서 PD 뽑는데 1분 자기소개 영상을 촬영하는 게 있었어. 내가 아는 놈이 거기서 진짜 니가 말한 것처럼 몇백 명 동원해서 촬영하고 그러더라고. 난 그때도 존내 건조하게 촬영했어. 그냥 내 방에서 혼자.

철수 알카에다 인질 방송처럼?

존슨 어. 그랬는데 나는 붙고, 그 놈은 떨어지고. 그런 걸 보면 아마 거기서도 너무 막 뭐랄까, 그런 스케일이나 기술로 눈속임하려고 하는 거 별로 안 좋아하는 거 아닐까.

철수 그런가? 암튼, 내가 막 그 과제들 확인하고 나서 의기소침했었거든. 몇 개 안 봤어, 더 주눅들까봐. 그리고 어쨌든 그 과제랑은 별개로 면접을 봤는데, 그러니까 그 과제가 이 1차 면접전형의 일환인 거지. 그래서 면접을 보러가니까 면접자들이 7명인가 8명인가 모여 있다가 1명씩 들어가서 면접을 보더라고. 근데 언론 쪽 애들 졸라 적극적이잖아. 바로 앞의 여자 면접자는.

존슨 울었어?

철수 아니. 목소리도 쩌렁쩌렁해. 허허 웃으면서 들어가서 마지막엔 선물인가 뭘 막 돌리더라고. 근데 나는 뭐 준비한 게 없잖아.

존슨 아니, 내가 시니컬해서 그런가? 내가 면접관이라면 그런 거 별로일 것 같은데?

철수 야 그래도 기왕이면 다홍치마지.

존슨 근데 면접 끝날 때 왜 그런 거 있잖아. 마지막으로 할 말 있냐, 그러면 자기가 준비해온 거 쫙 읽는 놈들 있잖아. 이상한 비유 섞어 가면서, 나는…….

철수 제 꿈이 뭔 줄 아십니까?, 이런 식으로? (웃음)

존슨 어. 저는 오이입니다, 그런. 그렇게 막 웅변하면서. 근데 나는 그거 하라고 할 때도 그냥 건조하게 '제가 여기서 저 자신을 얼마나 많이 보여드렸는지 모르겠지만, 뽑아주신다면 더욱 더 많은 걸 보여드리겠습니다' 그런 식으로 되게 짧게 했어. 뭐 한번은 '아, 저는 더 이상 할 말 없습니다' 그런 적도 있고.

철수 (웃음) 아, 진짜?

존슨 근데 나는 붙고, 막 웅변하던 놈들은 떨어졌지. 그러니까, 너무 좀 오버한다고 해야 하나, 그런 건 오히려 좀 독이 되는 거 같애.

철수 약간 피에로 웃음 짓고 있는 애들.

존슨 어. 근데 대학내일은 처우가 어떻게 돼? 연봉이나 이런 거.

철수 글쎄. 한 3천 이상 준다는 거 같던데?

존슨 많이 주네. 역시 내일신문 계열이니까. 언론사 기본 평균 임금을 뽑아놓은 자료가 있는데, 내일신문이 조중동 급이더라고. 아니 더 높았나? 든든한 모기업이라도 있나?

철수 그러게. 미스터리한데. 암튼 임금적인 차원에서는 그렇고. 아, 근데 대학내일 사무실이 광화문 역사박물관 바로 뒤편인데, 가정집이야. 마당 있는 가정집을 개조해서 복층으로 해놨더라고. 벽난로도 있고 되게 예쁘게 꾸며놨어.

존슨 면접관들 분위기는?

철수 7, 8명 있었는데 연령대가 다양해. 어떤 분은 좀 말이 없고, 어떤 사람은 되게 웃기고. 긴장되는 분위기는 아니었어. 복장도 정장 아니고 다 편안하게 입고 있고. 암튼 나한테 그거 물어보더라고. 〈취업학개론〉 얘기하면서, 나한테 여태까지 대학내일 말고 어디 어디 썼냐고. 원래 면접에서 그런 거 잘 물어보잖아.

존슨 너 쓴 회사들 줄줄 읊었어야지.

철수 아니, 넌 평소에 뭐라고 대답하냐? 뭐가 현명한 대답일까?

존슨 나는 다 말하는 편인데.

철수 그래?

존슨 붙은 데는 얘기하는 게 좋지. 오히려 다 떨어졌다고 그러면 그쪽에서 다른 데 다 떨어진 놈 뽑아다 뭐할 거야? 그럴 거 아냐. 그래서 나는 '어디 어디 붙었지만 지금 내가 이 자리에 앉아 있는 것 자체가 이곳에 오고 싶다는 의지의 표현이다' 그런 식으로 말하지. 그럼 뭐 그냥 면접관들이 꺄악꺄악 거리더만. 아, 너는 붙은 데 말할 게 없겠구나. 너는 그렇게 말 못 하겠구나……. (웃음)

철수 그래. (웃음) 나는 다 떨어졌다 그랬어. 진짜로 그렇게 얘기했어. 난 솔직하게 얘기해. 뭐, 암튼.

* * *

철수 대학내일, 아…… 최종까지 갔는데 1박 2일 합숙 면접에서 고배를 마셨어. 뭐 그건 좋아, 발표가 바로 나는 거. 거기는 서류도 그렇고 접수일 이튿날 바로 결과가 나고, 그다음 1차 면접도 바로 다음날 났어, 하루만에.

존슨 최종 때 몇 명이나 있었어?

철수 17명.

존슨 거기서 몇 명 붙인 건데?

철수 그건 확인이 안 돼. 근데 이번 대학내일은 이상하게 술술 풀려서 느낌이 좋았거든. 일단 자소서 형식이 좀 다른데, 내가 좀 파격적인 형식으로 썼어. 이상하게 잘 써지더라고. 한 번에 쫙 쓰고 제출했어.

그러고 나서 과제를 제출해야 되잖아. 그때 말했던 사진이나 글. 그것도 내가 한 순간에 써버린 거야. 한 10~20분 걸렸나. 근데 잘 쓴 거야. 그래서 붙었고. 그다음에 최종에서도 처음 가자마자 8시부터 글을 두 개 써야 돼. 50분 동안.

존슨 어떤 글을 써?

철수 하나는 화학적 거세 찬반. 다른 하나는 뭐였지? 그것도 찬반 논술인데.

존슨 시험 방식이 완전 언론사에서 사람 뽑는 방식인데? 다 언론사 준비하던 사람들이 온 거 아냐?

철수 아니야. 전공이 공대도 있고, 미대도 있었고. 어쨌든 글도 시간에 딱 맞춰서 고민도 안 하고 써내려갔는데. 쓰고 나서 보니 졸라 잘 쓴 거야. 그다음에는 총 7개인가 8개인가 과제를 하는 것도 있었고.

존슨 그렇게 잘 썼는데도 안 되는 거 보면 참…… 넌 안 되나보다. (웃음)

철수 아니 거기가 나를 품기엔 그릇이 너무 작았던 거야. (웃음) 암튼, 또 뭐가 있었냐면 100개의 단어를 그냥 무작위로 주는데, 예를 들어, 노트, 빨랫감, 여친 렌즈 이런 단어들을 100개 준 다음에 카테고리를 5개로 분류하고 그 이유를 쓰라는 거야. 좀 창의적인 거지. 나는 그것도 보자마자 고민 안 하고 바로 써버렸어. 그리고 또 백미가 마지막 가장 큰 비중을 차지한 개인 PT. 약 5분 가까이 PT하는 건데 그 주제를 일단 첫 날 오전에 받고, 오후 8시 반부터 다음 날 새벽 1시까지 만들고, 아침부터 차례차례 발표를 하는 거야. 근데 그 PT 주제가 신한은행 마케팅 방안이었어. 그래서 깜짝 놀랐지.

존슨　뭔가 운명적인 걸 느꼈겠구만.

철수　어. 그래서 나는 계속 그런 감이 있었어. 난 고민할 것도 없이 세 개의 안을 만들었지. 근데 내가 파워포인트를 해본 적이 없거든. 근데 어떻게 졸라 만드니까 한 시간 정도 걸리더라고. 애니메이션 효과 이런 거 어차피 넣을 줄 모르니까 단순하게 해서 10시 쯤 바로 냈어. 애들이 막 깜짝 놀라더라고. 다른 애들은 다 새벽 1시에 냈거든. 나는 왠지 자신이 있더라고. 근데 또 웃긴 게 내가 제일 먼저 끝났는데 다음 날 발표는 제일 마지막에 하는 걸 뽑은 거야, 제비뽑기에서. 그래서 다음 날 아침에도 늦게까지 자고 샤워 하고 밥 든든히 먹고 그랬지. 그리고 점심 먹고 발표를 하는데 그것도 졸라 웃겼어. 재미있게 하고 다 화기애애했는데. 근데 씨바 이렇게 떨어진 거지. 사실 내가 그 발표 기다리는 일요일, 월요일 아침까지는 좋은 마음을 갖고 있었어. 근데 월요일에 발표가 딱 나니까 와 씨바, 이거 기분 X같더라고 사실은.

존슨　아…… 니가 〈취업학개론〉까지 팔았는데 안 된 거 보면.

철수　〈취업학개론〉이 그 정도인 거지. (웃음) 아, 근데 대학내일, 거기서 끝이 아니야. 내가 합숙 면접을 보는 와중에 페이스북을 통해서 원고를 써달라는 청탁을 받았어. 대학내일에서.

존슨　그래? 이건 뭐 밀당을 하자는 것도 아니고. (웃음)

철수　아마 소통이 안 됐던 걸 거야. 마케팅팀이랑 취재 쪽이랑 다르니까. 근데 묘한 게 금요일에 연락이 왔는데 못 보고, 대학내일 합숙 면접 가 있는 상황에서 그걸 확인한 거지. 그래서 내가 '고맙다. 조만간 연락드리겠다' 이러고. 근데 씨바 월요일에 발표가 났네. 떨어진 걸로.

존슨 기고하면서 한번 쓰지 그랬어? 왜 떨어뜨렸냐. 떨어뜨려놓고 지금 글 쓰라고 장난하는 거냐. (웃음)

맥심, 자소서에서
최종면접까지 풀 스토리

철수　맥심 마케팅. 에디터도 뽑는데, 나는 에디터 말고 마케팅을 썼어.

존슨　맥심 좋은 회사지. 마감이 언제야?

철수　이게 졸라 웃겨. 공고 뜬 게 벌써 한 3주 됐나? 근데 마감은 아직 4주인가 더 남았어.

존슨　(웃음) 아니 그러면 면접을 언제 보겠다는 거야? 수시채용 그런 건가?

철수　아니 정규채용이야.

존슨　근데 무슨 서류를 한 달 반을…….

철수　나도 깜짝 놀랐잖아. 한 2만 명 지원할 줄 알고 있나? 근데 내가 여기 자소서에 또 썼어, 이 〈취업학개론〉을…….

존슨　또 그거 팔아서 어디까지 올라가나 보자. (웃음)

철수　내가 2010년도 맥심 공채에 응시해서 최종면접까지 갔었잖아. 근데 내가 그때 30분을 지각했거든. 그런데 거기서 아무렇지 않다는 듯이 더운데 땀 닦으라고 그러는 거야. 그래서 내가 '아, 여기는 이런 것도 이해를 해주는 그런 데구나' 이랬지. 근데 5분 있다가 바로 면접실에 들어가라 하더라고. 그래서 '다행히 면접이 좀 지연됐구나' 하고 들어갔는데, 다들 정장 딱 입고 분위기가 졸라 삼엄한 거야. 대기업 면접이랑 똑같애. 좀 편한 분위기일 줄 알았는데. 암튼 그때 내가 들어가자마자 '좀 늦으셨네요?' 그러는 거야. 어, 어떻게 알았지, 했지. 그래서 죄송합니다, 다음부터 그런 일 없도록 하겠습니다, 뭐 그렇게 했는데 나가고 확인해보니까 나랑 면접 같이 본 사람들이 나랑 다른 조인 거야. 면접이 지연된 게 아니라 내가 다음 조에 들어갔던 거지. 그래서 내가 그때 또 장렬하게…….

존슨　야, 그런 거는 정말 중요한 문제지.

철수　맞아. 나도 그때 존내 후회했지. 암튼 여러분 지각하면 안 됩니다.

존슨　그게 큰 요인이 될 수도 있어, 당락을 결정하는.

철수　그래서 그땐 아쉽게 됐는데, 이번에 한번 다시 도전을 해보는 거지.

존슨　그래.

철수　2010년도에는 거기 2교시를 봤거든. 1교시는 객관식 상식. 그러니까 WBC 우승국은 뭐, 올림픽 개최국은 뭐 그런 것들. 골든글러브 타지 않은 사람은? 소녀시대 멤버 수는? 그런 것들. 그리고 2교시는 논술인데 그때는 그거였어. 정우성, 이지아 스캔들 관련해서 기사 하나를 작성해봐라. 그래서 내가 그때 정우성한테 편지를 썼어. 뭐 신현준이랑 소주 한잔 하라고 그러면서 유머러스하게 막 잘 썼지. 이번에는 어떻게 잘될지 모르겠네. 그런데 사실 아쉬운 건 그거야. 맥심이 예전에는 자기소개서가 엑셀파일 양식에 써서 메일로 보내는 거였는데, 이번에는 사이트 자체 내에서 지원하는 양식으로 바뀌었더라고. 일반 대기업같이. 맥심이라면 조금 색다른 포맷을 기대했는데 말이야.

존슨　막 부모 학력, 직업 이런 거 쓰는 것도 똑같아?

철수　어. 완전 대기업하고 똑같아.

존슨　그렇다고 처우가 대기업급인 건 아니잖아.

철수　그렇지. 월급이 150은 될라나? 뭐 거의 존슨의 반을 받고 일하는…….

존슨　무슨 소리야? (웃음)

철수　(웃음) 자, 부끄러운 삶을 살고 있습니다. 존슨이 지금.

존슨　아니, 부끄러운 건 너지.

철수　그래. 나도 너도. 씨바 다 부끄러운 거야, 인간은.

* * *

철수　맥심 서류 마감이 지난 주 22일에 됐고, 어제 발표 났어.

존슨　접수 기간은 졸라 길었는데 발표는 금방 났네.

철수　2, 3일 만에 후딱. 난 다행히 붙었어. 근데 여기서 짚고 넘어가야 될 게, 거기서 마감 일주일 전에 경쟁률 총계를 냈는데. 임원비서직 39 대 1, 경영지원직 131대 1, 마케팅 202대 1, 온라인뉴스 기자 47 대 1, 매거진 에디터 113대 1.

존슨　뭐야, 그걸 맥심에서 직접 한 거야?

철수　어, 그런 거 같아. 인터넷에 떴더라고.

존슨　그거 하려고 접수 기간을 존내 늘렸구만.

철수　내가 마케팅 썼으니까 202대 1. 근데 그게 마감 일주일 전 기준이니까 230대 1은 넘었을 거야. 그래서 내가 되겠나 했는데 붙었더라고.

존슨　몇 명을 뽑았는데?

철수　130명. 마케팅만. 근데 최종 한 자리 뽑는다고 그랬으니까. 아무래도 난 되긴 힘들겠지.

존슨　그럴걸. (웃음)

철수　근데 맥심은 필기시험이 더 중요해. 이번 주 일요일이야. 내 생일인데, 씨바.

존슨　시험은 어떻게 본대?

철수　2교시로 나눠져 있고. 1교시는 객관식, 2교시는 논술.

존슨　언론사랑 비슷하네.

철수　근데 약간 더 캐주얼해. 좀 더 가볍지. 암튼 모르겠어. 이번엔 어떻게 나올지 감이 안 잡히는데. 그래도 공은 둥그니까 한번 해봐야지. 어쨌든 이런 쾌거가 나와서 참 다행으로 생각하고 있어.

＊ ＊ ＊

철수　시험 보고 왔어. 1교시, 2교시 나눠져 있길래 2교시는 작년처럼 작문 볼 줄 알았는데 작문은 에디터 직군만 보더라고. 나는 마케팅 직무잖아. 그래서 사업기획이나 홍보 이벤트 제안 이런 거 할 줄 알았거든. 생각해놓은 것도 좀 있었고. 근데 2교시는 기업 인적성이랑 그냥 똑같은 거 보더라고. 그 도형, 수학, 국어, 영어 이런 거. 좀 맥 빠지더만. 다른 걸 기대했는데 말이야. 암튼 1교시는 상식 시험이었고, 총 100문제.

존슨　시험 시간은 몇 시간이야? 한 시간?

철수　한 시간 반.

존슨　금방 푸는 거잖아. 그걸 한 시간 반씩이나 줘?

철수　어. 그래서 시간 좀 많이 남아. 암튼. 거기서 나온 문제 몇 개 알려줄게. 재밌어. 다음 중 애니메이션 감독 및 연출가가 아닌 사람을 고르시오. 1번 미야자키 하야오, 2번 다카하타 이사오, 3번 오시이 마모루, 4번 아사미 유마, 5번 신보 아키유키.

존슨　난 잘 모르겠는데. 아사미 유마는 그…….

철수　AV 여배우. (웃음) 문제에 이런 식으로 하나씩 넣는 거지.

존슨　아, 그래? 난 만화 주인공인 줄 알았는데. 〈북두의 권〉 그런 거 아냐? (웃음)

철수　(웃음) 야 남자들은 다 알지. 이거 상식이야. 근데 여자들은 문제 보면서 당황하는 거지.

존슨　난 모르는데?

철수　넌…… 어 그래. 그다음에 봐봐. 다음 중 실존하지 않는 해외 축구 선수 이름은? 1번 시망 사브로자, 2번 맨디에타, 3번 안티 니에미.

존슨   (웃음)

철수   완전 점입가경이야. 4번 발레리 보지노프, 5번 세르게이 시발라미. 이 중에 한 사람만 없는 사람이야.

존슨   (웃음) 아오, 정말.

철수   시망, 맨디에타는 알고 있었고. 나는 4, 5번이 헷갈렸는데 5번 찍었거든. 나중에 찾아보니까 5번이 없는 선수 맞더라고. 근데 진짜 문제 내면서도 졸라 웃겼을 거야.

존슨   어. KBS나 MBC에서는 이런 건 못 나오지.

철수   또 있어. 폭스바겐이 자랑하는 최첨단 엔진 TDI는 무엇의 약자인가? 난 이거 몰랐거든. 1번 Thick Dick Inside (웃음) 2번 Transgender Dancing Idol (웃음) 3번 Tokyo Dirty Income (웃음) 그다음에 4번 Turbo Dual Injection, 5번 Turbo Direct Injection.

존슨   야, 이거 풀면서 애들 존내 큭큭 거렸겠네. 아니, 근데 이런 걸 뭐하려고 보는 거야? 이런 거 맞추면 점수가 높아?

철수   내가 볼 땐 이거 말고 2교시 비중이 큰 거 같애. 뭐 당연히 이런 문제로 당락을 결정하겠어? 그냥 커트라인이 있는 거겠지.

존슨   그냥 한바탕 웃고 즐기라는 거구만.

철수   뭐 그치. 야한 문제들도 많았어. '골프계에서는 한 사람이 두 사람과 겨루는 경기를 뜻하지만 섹스계에서는 살짝 다른 뜻으로 통하는 단어는?' 'SM 용어 중 바닐라는 무엇을 뜻하는가?' 이런 거. (웃음) 암튼 원래는 문제 유출 안 되는 건데, 이번에는 그냥 집에 가져가라고 그러더라고.

존슨　보아하니 이번 채용 자체가 홍보 목적이 심한 거 같은데? 무슨 경쟁률을 공개하질 않나. 문제지도 가져가라는 거 보면 인터넷에 올리라고 그러는 거 아냐? 다음 달 맥심 보면 이번 채용 관련해서 막 부풀려갖고 기사 쓰는 거 아냐?

철수　내 얘기도 들어갈까?

존슨　아니.

철수　…….

＊＊＊

철수　맥심코리아. 이번 주 금요일에 최종 면접이 있어. 근데 여기 내가 예전에는 정장 입고 굉장히 엄격한 분위기에서 했다고 그랬잖아. 근데 이번에는 복장이 소개팅 복장이야.

존슨　소개팅 복장으로 입고 오라 그랬어?

철수　어. 그러니까 저번이랑 다르게 콘셉트를 바꾼 거 같애. 근데 최종까지 간 사람이 지금 20명이야. 한 자릿수 뽑을 거 같은데, 보통 한두 명? 그러니까 10대 1이야, 최종경쟁률이.

존슨　최종에서 뭐 그렇게 많이 남겼어. 그 하나다올신탁, 거기처럼.

철수　그러니까 내가 보는 데는 왜 다 이런 거야? 대학내일도 그렇고. 암튼 이것도 마지막으로 힘든 과정이 남아 있는데, 해봐야지.

존슨　야, 그러면 맥심은 면접을 한 번만 보는 거야?

철수 어.

존슨 그건 되게 쌈빡하네. 서류, 인적성 그리고 바로 면접, 끝?

철수 어. 근데 뭐 붙어야 좋은 거지. 떨어지면 X같고.

* * *

철수 맥심코리아. 최종면접에서 고배를 마셨어.

존슨 어제 니가 새벽 3시에 전화했을 때 직감했지. 아, 떨어졌구나.

철수 무슨 소리야? (웃음) 근데 맥심코리아는 내가 할 말이 졸라 많아. 면접 가니까 3명이 있었어. 남자 둘에 여자 하나. 근데 남자 둘은 책상을 같이 일렬로 놓고 여자 하나는 약간 좀 구석에 있었어, 책상이. 그래서 구석에서 노트북을 하고 있고, 다른 남자 둘은 자소서 프린트 된 걸 갖고 있고. 여자는 인터뷰 끝날 때까지 한마디도 안 해. 계속 무슨 타이핑만 졸라 하는 거야. 계속 면접자 얼굴만 보면서 타이핑만 치는 거지, 말하는 거를.

존슨 그거 네이트온 하는 거야, 시발.

철수 (웃음) 아무튼 첫 질문이 그거였어. 일어서서 자기를 왜 뽑아야 하는지 어필을 하라는 거. 난 1분 자기소개 같은 좀 뻔한 거 준비했었는데, 갑자기 왜 뽑아야 하는지 말하라니까.

존슨 그게 결국 자기소개 아니야?

철수 그래서 뭐, 잘하긴 했지. 다행히 옆 사람부터 시켜서.

존슨 한 번 들어갈 때 면접자는 몇 명이었냐?

철수 두 명. 근데 내 옆 사람은 준비를 안 해온 것 같았어. 막 얼버무리다가 앉더라고. 근데 나는 준비해온 것처럼 유창하게 말을 잘했지.

존슨 야 이 씨, 너 거기서 막 비유 쓰고, 은유 쓰고 막……어?

철수 (웃음) 아냐, 아냐. 나는 내 경력들 두세 개 정도 가지고 간단하게. 이러저러 해서 나는 여기에 가장 적합한 인재라고 생각한다, 그렇게 어필을 했지.

존슨 전에도 얘기했잖아. 막 이상한 비유 쓰거나 무슨 말도 안 되는 질문으로 시작하는 애들. 저는 거대한 고추입니다, 아니면 밤하늘의 별을 보면 뭐가 생각나십니까? 이런 거. 와 그렇게 얘기하는 놈들은 면접 끝나고 나올 때 다른 애들이랑 눈도 못 마주쳐.

철수 (웃음) 내가 아는 애는, 볼매. 볼매가 무슨 뜻인지 아십니까, 이렇게 시작했더만. (웃음) 아무튼 물어보는 질문들이 꽤 길었어. 여러 가지 물어보더라고. 근데 갑자기 그걸 물어보는 거야, 자기 자신한테 연봉을 준다면 얼마를 주겠냐고. 근데 내 옆의 애가 자기는 100원짜리래.

존슨 (웃음) 에라이, 멍청한 놈. 그러다가 진짜 '네, 그럼 연봉 100원 드릴 테니 내일부터 일 시작하세요' 그럼 어쩔 거야. (웃음)

철수 (웃음) 면접관이 그러더라고. 그럼 너는 100원어치만 일 할 거냐? 그러니까 아, 아니, 그…… 그런 말이 아니고, 이렇게 얼버무리고.

존슨 (웃음)

철수 근데 그 질문이 좀 뭐라고 해야 할지 당황스럽긴 했어. 그래서 그냥 나는, 인턴 정도의 가치인 것 같다고 했어.

존슨　　하…… 이 색기.

철수　　아니, 어쨌든 내가 처음에는 아는 게 없기 때문에. 근데 두세 달 정도 하다 보면 또 은행 연봉 이상의 가치를 할 거라고 생각한다고, 이런 식으로. 그리고 그런 것도 있었어. 내가 여태까지 금융권에 있었잖아. 왜 금융권에 있다 나왔느냐, 이런 걸 묻더라고. 근데 사실 또 내가 금융권 이전의 경력은 출판사, 잡지사 인턴 그런 거잖아. 그래서 그런 걸 잘 설명했지.

존슨　　뭐 평이했네. 별로 특별한 질문은 없었네.

철수　　아 그런 건 있었어. 갑자기 옆에 애한테 내리는 눈을 생각하면 뭐가 떠오르냐, 다섯 가지를 연상해보래. 졸라 당황스럽지. 근데 나한테 그건 안 물어보고, 여자를 볼 때 어디를 먼저 보느냐, 그걸 물어보더라고.

존슨　　뭐라고 그랬는데?

철수　　나는 그냥 취향을 얘기했지.

존슨　　엉덩이?

철수　　어…… 그…… (웃음) 암튼, 그건 넘어가고. 전체적인 면접 분위기는 편안했어. 근데 면접관들이 웃지를 않더라고, 무슨 말을 해도. 그리고 어쨌든 다 끝나고 내려가는데 무슨 설문지를 하나 작성해달래. 향후 6개월 이내에 재채용 한다면 의사가 있는지. 자기네는 결원이 생길 시에 수시채용을 하는 게 아니라, 그 전 정기공채에서 차석자를 채용하는 시스템이라고. 그래서 다른 일을 하더라도 자기네서 연락이 가면 일할 의향이 있는가, 이런 걸 물어보는 거야.

존슨　너 설마, 예라고 썼냐?

철수　어.

존슨　(웃음) 뭐 근데 그건 합리적인 거 같은데?

철수　아니, 근데 그걸 굳이 물어봐?

존슨　뭐 그만큼 여지를 주는 거겠지.

철수　나는 좀 구차한 거 같은 거야. 수시채용 하면 안 되나 그냥? 솔직히 말해서, 한두 명 빠지면 제대로 굴러가는 데가 아니라는 거잖아.

존슨　뭐 비용 절감 차원에서 그 정도야 뭐.

철수　…….

존슨　…….

철수　……야 이, 얼빠진 시키야!

존슨　(웃음) 너 지금 어떻게든 맥심 욕하려고 하는 거 같은데?

철수　(웃음) 무슨 소리야? 그런 거 아니야! (웃음) 암튼, 면접에서 이런 것도 물어봤다. 다른 데 쓴 데 있어요? 근데 잘 생각이 안 나는 거야. 그래서 '아니 현재는 없습니다' 이랬어.

존슨　야, 그럴 때는 '아! 몇 군데 썼는데 생각 안 납니다!'

철수　거기서 '그럼 아무데도 안 썼습니까?' 이러는데 '아니, 썼는데 현재는 다 탈락한 상태입니다.'

존슨　아이고, 이놈아, 아이고 이놈아! 그럴 때는 '몇 군데 썼는데 맥심 말고는 기억나지 않습니다!' 이렇게 해야지, 빙신아! (웃음)

철수　(웃음) 야, 니가 지금 여기서 양반다리 하고 있으니까 그렇게 말하지, 거기 앉아 있으면 아주 그냥 부들부들……. (웃음)

존슨   아니지, 색기야. 그래서 내가 붙는 거 아냐.

철수   암튼 내가 드는 생각이, 아 여기는 나를 품을 만한 조직이 아니구나. 그러니까 나를 품기엔 너무 작다, 그들이 나를 품기엔 내가 너무 크다.

존슨   …….

철수   아무튼, 맥심. 잘해봐라, 씨바. 왠지 답정너, 이미 답을 정해놓은 거 같더라고. 결국 여자만 두 명 뽑더만.

존슨   여자만 두 명? 무슨 여자들로 왕국을 만드려고 그러나?

철수   스무 명 갔는데 두 명 뽑은 거야. 최종면접 경쟁률이 10대 1. 이런 X같은 시스템!

존슨   면접비는 받았냐?

철수   아 몰라. 받긴 받았는데 얼만지 확인을 안 하고 그냥 가방에 쑤셔 넣었어.

존슨   불태워.

철수   음?

존슨   불태워.

철수   ……봉지만 불태울게.

국순당, 면접 통과하고 영업테스트까지

철수　국순당. 여기 영업 인턴을 두 자리 수로 뽑더라고. 주류회사들이 원래 인턴을 뽑고 나중에 정규직으로 전환하는 구조잖아. 근데 자소서 항목이 무슨 SK, LG, 롯데는 아무것도 아냐.

존슨　거기 가면 술 존내 먹겠다.

철수　국순당은 술 괜찮잖아.

존슨　국순당은 막걸리만 만드나?

철수　아니. 백세주. 그런 주류도 나와.

존슨　아 맞다, 백세주. 거기 오십세주 만든 사람 완전 인센티브 터졌다며?

철수　아 그래? 마케팅, 이쪽으로?

존슨　어, 몇 억 받았다는 얘기가 있어.

철수　엄청나네. 암튼, 거기 서류 넣었는데 합격했어.

존슨　오오! 가서 술 좀 받아와.

* * *

철수　내가 오늘 면접을 보고 왔잖아. 거기 건물 안에 들어가니까 국순당 술들이 쫙 진열돼 있어. 그리고 개량한복 입은 인사팀 누님이 맞이해주시더라고. (웃음)

존슨　확실한 색깔이 있어서 좋네. 개량한복.

철수　면접관들도 다 갈색 개량한복 입고 있었어.

존슨　(웃음) 뭐 양복보단 낫네.

철수　근데 무슨 찜질방 분위기도 나고. 재킷 대신 다 그걸 입고 있으니까. 암튼 8시 50분까지 갔는데 9시에 바로 시작하더라고.

존슨　근데 업무할 때도 다 그 옷 입고 하나?

철수　어. 사무실 가니까 다 그 옷 입고 있어. 벗고 있다가도 밥 먹으러 갈 때 다시 입고, 그러나 보더라고.

존슨　식당에서 보면 존내 웃기겠는데.

철수　청학동 스타일? 솔직히 나 같으면 벗어놓고 가고 그럴 텐데. 암튼 9시에 바로 인적성 시작했고. 총 10명 있었어. 10명이 모여서 2시간 동안 인적성을 보는데, 나는 태어나서 처음 보는 유형이더라고. 근데 쉬워. 80문제를 70분 정도? 암튼 1분 내로 푸는 건데, 적성 풀다가 중간 중간 인성 문제 나오고. 인성은 총 여섯 문제. 중요한 건 면접이었는데 5명씩 들어가. 면접관은 두 명. 한 사람은 인사팀에서 나오고 한 사람은 영업부 팀장 이런 사람. 근데 X같은 게 여기는 면접을 세 번 봐. 1차 보고, 2차 면접이 있고, 그다음에 사장 면접이 또 있고. 사장님 면접은 면접 끝나고 술 먹는 거 있잖아, 음주면접.

존슨 그럼 2차 면접은 누구, 임원진이야?

철수 어. 임원. 근데 좀 짜증나는 게 뭐냐면 인턴기간이 6개월이야.

존슨 정규직 전환률 같은 건 알아봤어?

철수 누가 질문했는데 열심히 하면 다 된다고 그러더라고. 근데 내가 봤을 땐 다 해주는 거 같은데 중요한 건 퇴사 비율이 높은 거 같애.

존슨 넌 주류 영업 쓴 거야?

철수 어. 영업. 그래서 그런지 면접관들이 겁을 존나 주는 거야. 나한테 막 그러더라고. 주류영업 졸라 빡센데 외모나 말하는 거 보면 내가 너무 정돈돼 있는 거 같다고, 이런 거 할 수 있겠냐고. 진짜 해병대 나온 사람들도 되게 스트레스 많이 받고 힘들어서 나간다는 거야.

존슨 주류 영업이라는 게 구체적으로 뭐 하는 건데? 슈퍼마켓에 좀 진열해달라고 그러는?

철수 뭐 그럴 수도 있고. 암튼 주류 업계에서 메인이 아니니까 힘든가 봐. 그래서 퇴사 비율이 높고, 그래서 인건비를 좀 줄이는 차원에서 인턴기간을 늘린 거 아닐까? 그렇게 6개월 버티면 정직원 하는 거고. 모르겠어, 암튼. 근데 여긴 면접비 대신 아이싱 캔 막걸리 여섯 캔 주더라. 졸라 근사한 쇼핑백에 담긴 걸로. (웃음)

* * *

철수 국순당 오늘 1차 면접 결과 발표 났는데, 여기는 일정이 진짜 특이해. 하루 쉬고 내일 모레 토요일 아침에 2차 면접을 본대. 그리고 웃긴 게 그 토요일에 본 면접 결과 발표가 월요일에 나. 일요일 하루 쉬고. 그다음 마지막 면접이 화요일이야. 최종 발표는 목요일. 더 웃긴 건 그다음 주 월요일이 바로 입사야.

존슨 (웃음) 존내 속전속결이네.

철수 내가 볼 때는, 다른 데 못 가게 바로 처넣는 거야. (웃음) 근데 여기 왜 이렇게 안 좋다는 평이 많지?

존슨 아 그래?

철수 어. 내가 닥취(취업 커뮤니티, 닥치고 취업)를 거의 해커질 하듯이 다 찾아봤어. 국순당. 어떤 놈이 '국순당 존내 빡세다' 이렇게 글을 썼더니, 다른 시키가 자긴 주류업계 종사하는데 아예 시장 자체가 다르다는 거야. 국순당이 포지션하고 있는 데는 전통주 쪽이고, 이 전통주 시장에서는 압도적인 시장 지배자기 때문에 여기 존나 영업 쉬울 거다, 이렇게 리플을 단 거지. 그러니까 현직자가 그 글에다가 또 리플을 달았어. 자기가 다니다가 때려치웠는데 진짜 X같다고. 주말에도 출근은 당연한 거고, 영업 압박이 엄청나대. 막걸리가 수익성이 완전 낮아서, 그러니까 생산비가 비싸서 회사 사정이 그렇게 좋을 수는 없는 거지.

존슨 음…….

철수 근데 뭐 직접 들어가서 일을 해봐야 알지. 난 왠지 이미 내정자가 된 기분이랄까. 이제 〈취업학개론〉의 마지막회를 준비해야 하는 건가. (웃음)

* * *

철수 최종 면접에 갔다 왔어. 아침 8시 20분까지 오래서 갔는데 뭐 별로 하는 거 없이 직원 몇 명 나와서 쓸데없는 설명하느라 12시까지 그냥 있었어. 그것도 조그만 방에. 진짜 시간 활용도가 떨어지더만. 그럴 거면 12시에 부르지. 암튼 12시부터는 영업 테스트라고, 그거에 대해서 설명하고 본격적으로 시작해.

존슨 영업 테스트가 뭔데?

철수 영업 테스트는 올해 신설됐다는데 직접 상권에 투입이 돼서 이번에 새로 나온 대박 막걸리를 상점에 파는 거야. 기존에 안 팔던 상점에. 한 서너 시간 정도? 누구는 수락산, 누구는 안양…… 나는 창동에 배치 받았고. 거기 가니까 막걸리 스무 병쯤 든 아이스박스 큰 게 하나 있어. 그걸 리어카처럼 끌고 다니면서 시음용으로 한두 병씩 가게 사장님들한테 나눠주면서 대박 막걸리 입점하라고 졸라 영업하는 거지. 아우, 그 더운 날.

존슨 혼자?

철수 아니. 2인 1조야. 각자 개인 성적으로 가는 거고. 암튼 그렇게 낮 2, 3시쯤 가게들 돌아다니면 사장님들이나 일하는 아주머니들 다 자고 있어. 점심시간 끝났으니까 좀 쉬는 거지. 거기다 대고 막 권유하기가 참 뭣하더라고. 그리고 이제 막걸리는 장수막걸리가 짱 먹으니까 '안녕하세요, 국순당……' 이러면 그냥 됐다고 쫓더라고.

존슨 그렇지. 우리 엄마도 장수막걸리만 먹는데. (웃음)

철수 그렇게 6시까지 마무리하고 다시 본사에 집결해. 6시 30분부터는 본사 지하에 있는 백세주마을에서 음주면접 실시야. 근데 막걸리 따는 것부터가 면접이야. 면접자들 막걸리 따는 걸로 갈구더라고. 국순당은 밀폐 방식이 좀 달라서 다른 막걸리 따는 거랑 다르게 딴 대. 그래서 어떤 면접자가 흔들어서 뚜껑을 탁탁 치니까 '지금 무슨 장수막걸리 따요?' 이러더라고.

존슨 (웃음) 그래? 시발 그럼 어떻게 따는 건데?

철수 나도 잘 몰라. 그냥 졸라 돌리고 따는데 안 터지는 거 같던데. 암튼 두들기면 안 된대.

존슨 거기 면접자가 몇 명이었어?

철수 총 18명. 여자는 3명. 근데 남녀를 떠나서 다들 아주 그냥 열의가

대단하더라고. 주류영업이라 그런지 되게 말을 많이 하려고 그러고. 약간 좀 오그라드는 말들 있잖아. 열정, 패기, 꿈 막 이런 거.

존슨 그런거야 뭐, 면접 때는 일반적이잖아.

철수 근데 그런 질문도 하더라고. 영업 일 하고 있는데 마케팅 쪽에서 제의가 오면 어떤 선택을 할 거냐고. 근데 내 옆의 면접자가 자기는 마케팅 쪽에 자신 있다고 냉큼 하겠다는 거야. 거기서 내가 철렁했지. '아이고, 저러면 안 되는데……'

존슨 아유 그럼.

철수 나한테도 물어보길래 난 '마케팅 싫다. 영업 쪽에서 끝을 보겠다' 이렇게 그냥 기계적으로 했지.

존슨 명석하구만.

철수 암튼 그러다가 마지막쯤에 면접관이 10년 뒤에 뭐하고 있을 거 같으냐고 묻더라고. 근데 아까 그 마케팅 하겠다던 면접자가 뭐 영업을 이끄는 리더가 되어 있을 것 같다 어쩌고저쩌고 하니까. 면접관이 말을 끊더라고. '아깐 마케팅 한다면서요?' 그제서야 서둘러 둘러대더라고.

존슨 그래. 시발 영업 면접 보러 갔으면 자기가 지원한 영업 계속한다고 얘길 해야지, 임기응변이 딸리는 놈이구만. 취준생들이 뭔가 오해를 하고 있는 게, 입사면접 때 했던 얘기가 나중에 자기 인사에 영향을 미칠 거라고 생각하는데, 그게 뭐 기록으로 두고두고 남는 게 아니라고. 일단 그렇게 입에 발린 소리해서 들어간 다음에 팀을 바꿔보려는 게 더 가능성 있지.

철수 근데 음주면접이 확실히 좋은 점도 좀 있어. 말이 좀 편하게 나오더라고. 근데 그 면접관들이 너무 편해지면 실수한다고. 예전에 막 부장한테 담배 빌려달라고 하고 과장한테 '형이라고 부를게' 이 지랄한 새끼들도 있대. (웃음)

존슨 (웃음) 아니, 근데 좀 그러면 안 돼? 이 망할 놈의 유교문화!

철수 (웃음) 이 시키야, 그래도 면접의 연장선상인데 그건 미친 짓이지. 그 날은 특별히 그런 사람은 없었던 거 같은데 내 옆의 면접자는 자더라고. 시간 좀 지나니까. (웃음)

존슨 좀 깨우지, 이 이기적인 색기야. (웃음)

철수 아니, 뭐 중간에 면접관이 앉아 있어서 깨울 수가 없더라고. (웃음) 암튼 이렇게 직접 영업을 뛰고 면접도 허심탄회하게 보고 그러니까 국순당이라는 회사가 가진 한계나 뭐 단점에 대해서도 이성적으로 생각하게 되더라고. 그냥 막연히 '취업하고 싶으니까 되는대로 가자'라는 생각이 아니라 과연 '내가 잘 할 수 있는 일인가'랄까.

존슨 녀석. 험난한 취업의 과정이 너를 이리 성장시켰구나!! (울먹)

철수 (웃음) 아니, 뭐 사람이 전부 다 잘할 수 있는 건 아니잖아. 막말로 이율곡이 장군 했으면 이순신만 했겠어? 그 사람은 공부했으니까 그쪽에서 유명해져서 지폐에 얼굴 찍힌 거지. 암튼 뭐 이런저런 생각이 들더라고. 이렇게 국순당 면접 다 끝!! 아 맞다. 내가 거기서 〈취업학개론〉 청취자 분 만났잖아. 술 마시러 가는데 자기가 애청자라며 영광이라고 하더라고.

존슨 아, 그래? 시발 우리가 영광이지! (웃음)

그 외 기업들, 철수와 존슨의 한마디 평

건국대학교

여기 교직원이 진짜 탑티어(top-tier)라고 함. 일류만 뽑는다는. 건대 교직원에 재직했던 친구한테 들으니, 학벌은 물론이고 토익은 무조건 900 넘고, 거의 만 점 가까이. 교직원 중에서는 SKY보다 건대가 더 좋다고 알려짐. 돈을 많이 준다고. 우리는 서류에서 탈락. **광탈**

교보리얼코

교보생명 자회사로 교보생명 및 계열사가 가진 부동산, 빌딩들을 관리하는 회사. 지원하면서 이런 회사가 있다는 걸 처음 알았음. 면접 전에는 인성 관련된 질문만 할 예정이니 편하게 있으라더니 정작 면접에서 온갖 전문개념 다 물어봄. 경력면접 잘못 온 줄 알았음. 좋은 회사 같으나 쉽게 들어가긴 힘들 듯. 1차 면접에서 탈락. **광탈**

근로복지공단

이 얘기 진짜 하고 싶음. 여기 자소서 쓰는데 저장이 안 되고, 서버 접속도 막 안 되고…… 자소서 항목 하나가 마지막 날까지 계속 저장이 안 되서 결국 인사팀한테 전화 걸어 안 된다고 말하니 자기네들은 들어가진다며…… 내가 도서관에 가서 해봤는데도 안 된다고, 그로 인한 불이익을 어떻게 할 거냐 따졌더니 '현재로선 계획이 없습니다. 죄송합니다'라는 대답만 돌아왔음. 근데 그 자소서가 제출이 된 건지 발표가 결국 났음 불합격이라고. 아무튼 서류에서 탈락. **광탈**

넥슨 컴퍼니

게임계의 삼성. 자소서는 자유 형식. 학점을 쓰는 데가 없다는 게 선진적임. 존슨은 면접에서 모종의 사건 발생. 뭔가 숨기는 듯. 철수는 서류 탈락. **광탈**

다림바이오텍

당뇨병 약 등을 만드는 의료 제약회사라고 함. 존슨이 여기 좋다며, 합정동에 있는 상상마당 옆에 있다고. 안에서 막 슬리퍼 신고 다니고 분위기가 좋아 보였다고. 단지 그 이유. 근데 떨어졌음.

대성산업

건설도 하고, 가스 산업도 하는 기업. 근데 여기는 채용 사이트가 좀 후진 느낌. 제출하고 나서 인사하는 사진이랑 '수고하셨습니다' 이런 문구 나오는데 70년대 스타일임. 뭐 암튼. 큰 회사이긴 함. 서류 탈락.

대우건설

자소서 4개 정도 항목인데 졸라 간단함. 근데 PPT 파일을 첨부하는 게 있음. 첨부할 사람은 첨부하라고 하는데 솔직히 말하면 반 강요하는 거지. 존슨은 첨부 안 했음. 그래서 떨어짐.

대우조선해양

작년인가 자기소개 동영상을 찍어가지고 올리라고 그랬었음. 무슨 PD를 뽑는 것도 아니고…… 안 썼음. 채용과정의 혁신도 좋은데 좀 적당히 했으면.

대학내일

〈취업학개론〉 AWARD에서 베스트 채용 프로세스상 수상. 모집기간 적당했고, 서류나 면접이나 발표도 빨리 하는 게 마음에 들었음. 연봉도 동종업계에선 상당히 높은 편. 근데 한 번 탈락하면 자체 필터링으로 다신 안 뽑는다는 게 흠. 철수는 최종면접 탈락 후 서류 세 번 떨어짐. 앞으로도 계속 쓸 계획.

도레이 첨단소재

여기는 5시 퇴근이라고 함. 기술력 있는 기업으로 일본에서도 나름 유망한 기업임. 연봉 수준도 좋고 복지도 빵빵하다고 함. 숨겨진 신의 회사 중 하나. 존슨, 철수 모두 서류 광탈.

동서식품

신의 직장이라고 불린다고. 인적성을 보러 가도 돈을 줌. 근데 존슨은 이곳이 과연 신의 직장인가에 대해 강한 의문을 품고 있음. 또 모종의 사건에 휘말렸나 봄. 한국의 코난인 듯. 근데 주변에 붙은 사람을 못 봄. 뽑긴 하는가에 대한 의문이 듦. 서류 광탈.

두산그룹

자소서가 졸라 긺. 존슨이 여기 쓸 때 회사 지원동기 묻는 문항에 '솔직히 취업준비생들 중에 정말 어느 한 기업에만 넘치는 열정 가지고 지원하는 사람이 어디 있나, 결국 돈 때문에 지원하는데, 그래도 나는 이렇게 저렇게 해서 열성적으로 해보겠다, 남들처럼 입에 발린 소리 안 하고 어쩌고저쩌고……' 이렇게 졸라 솔직하게 감동적으로 쓴 적이 있음. 결과는 서류 광탈. 사람이 미래라더니 솔직한 사람은 미래가 아닌가 봄. 취준생 여러분들은 이렇게 쓰지 마시길.

미래에셋자산운용

미래에셋 산하의 자산운용회사. 2013 상반기에 인턴 전형을 진행했으나 기간은 무려 6개월. 채용연계라고는 하나 전부 다 뽑는 것도 아니고 애들 피 빨아먹으려는 의도가 너무 다분했음. 그거 전환 안 된 애들은 나가 죽으란 얘기임. 지원 안 함.

방송통신위원회

언론사 상식 시험 보는 것처럼 상식 시험이 있음. 그거 통과한 사람은 논술 시험 보고. 보통 한 번에 보는데 여기는 두 번에 나눠서 봄. 그래서 그런지 채용 과정만 두 달이 걸림. 그리고 여기 조직도를 보면 방송 쪽 있고, 통신 쪽 있고, 뉴미디어라고 SNS 관련해서 새로 만든 부서가 있음. 그런 거와 상관없이 광탈.

벡셀

배터리 만드는 회사. 여기는 좋은 게 증명사진을 안 냄. 근데 뭐랄까 그게 왠지 삼성처럼 선진적이어서 그런 게 아니고 실수한 거 같은 느낌. 채용사이트가 후줄근한 게 그렇게 생각하는 데 한 몫 한 듯.

삼양인터내셔널

담배 및 골프용품 수입 업체. 말보로 담배 여기서 수입함. 이름은 삼양인데 GS계열임. 사이트는 후줄근한데 뭔가 있어 보임. 꿀의 냄새가 남. 그러나 광탈.

삼성그룹

예전에는 성적 입력할 때 학년별 총점 쓰는 데 있고 4년 평균 쓰는 데 있고 과목별 쓰는 거 다 있고 그랬는데 2012년 하반기 때부터 없어졌음. 자소서도 아예 싸트 붙고 나서 쓰는 걸로 바뀌었음. 그리고 스티브잡스 형 인재 뽑는다고 상반기에만 인문계 출신 통섭형 인재를 200여 명 뽑았음. 아카데미를 수료하면 그다음에 정식 입사 되는 거라고 함. 문과생을 IT 기획 쪽으로 뽑고 그러는 건데 암튼 이런 기획은 잘하는 것 같음. 인적성 도입, 증명사진 및 토익점수 제한 폐지한 걸 보면 사실 채용과정으로만 보면 삼성만 한 데도 없음. 대기업에서 죽자고 떨어지는 취준생들 사이에서는 '서류에서 날 받아줄 곳은 삼성밖에 없다'는 자조를 하기도 함. 존슨은 지원 안 함. 철수는 SSAT전형에서 탈락.

삼성메디슨

원래 의료기기 만드는 회사인데 삼성전자가 인수했다고 함. 잘나가는 회사라고 인수했는데 세계적으로 보면 거의 바닥이라서 파나소닉이 '삼성은 의료기 쪽으로는 안 된다'고 대놓고 무시한다고 함. 근데 뭐 삼성전자에서 신 전략사업으로 전략적으로 밀어줄지도…… 아무튼 전략사업이고 뭐고 서류 탈락.

삼성카드

은행 다니는 사람들은 영업 압박 없는 카드사를 꿈꾼다는 말이 있음. 카드는 확실하게 판매 채널과 그 외 채널로 구분되기 때문에 영업부서가 아니면 영업 압박은 크지 않다는 풍문. 근데 최근 정부에서 규제하는 바람에 피바람이 몰아침. 그래서인지 탈락.

삼천리

끝판왕이라고 불리는 기업임. 이 회사 얘기할 때 취업 경력의 차이가 나타난다는 얘기가 있음. 삼천리 얘기가 나왔을 때 '아, 거기 자전거 만드는 데?' 이러면 취업 초짜고 '가스 쪽 아냐?' 이러면 취업 중수 이상은 됨. 어쨌든 여기는 서울대 나온 애들이 많이 간다는 얘기도 있을 정도로 나름 알려진 신의 직장. 그래서 탈락.

생명보험협회

여기는 인터넷 접수가 없음. 우편 접수 아니면 방문 접수임. 근데 그래서 오히려 막상 넣으면 확률이 좀 있을지도. 귀찮아서 안 넣는 사람들이 많아서. 우리도 그 귀찮은 사람 중 하나. 회사 원칙도 좋은데 지나치면 짜증남.

서울대학교 교직원

여기는 국립이라 9급 대우라고. 공무원 9급 대우. 암튼 교직원의 세계는 뭔가 남다름. 지원 안 함. 서울대는 우리 따위가 있을 곳이 아님.

신한은행

흔히 신한은행 자소서는 '신한은행 신춘문예'라 불림. 진짜 자소서 항목이 어마어마함. 자소서 9부 능선을 넘는다는 LG, SK 저리 가라임. 금융권이 무슨 언론사도 아니고…… 항목 중에 그런 것도 있었음. '신한은행의 과거, 미래, 현재 중 하나를 택해서 당신이 생각하는 문제점과 앞으로의 비전을 논하라.' 아니 이런 건 컨설팅 업체에 물어보지 왜 신입 지원하는 애들한테 물어보는 건지. 근데 정작 뽑아 놓으면 영업만 딥따 시킴. 안 씀. 이유는 다들 아시리라.

아모레퍼시픽

여기 수시채용을 너무 많이 하는 거 같음. 그만큼 많이 나가는 건가? 뭐 암튼 좋은 거는 인재 데이터베이스가 있어서 자기 계정에 저장한 자소서가 그대로 남아 있음. 로그인만 하면 이전에 쓴 이력서가 딱 나옴. 근데 그 편리한 기능 덕분에 계속 똑같은 거 내니까 똑같이 떨어지는 건지, 열 몇 번을 썼는데 딱 한 번 서류 통과 해봤음. 서류 광탈.

아영FBC

양주 수입업체. 원래 와인 수입업체로 유명했지만 예거마이스터 한 방으로 이제 예거 수입업체로 알려짐. 작년에 DCTRIBE의 회원이 커뮤니티 게시판을 통해서만 마케팅 직무를 비공개로 채용 한다고 해서 광속으로 지원했으나 아직까지 연락이 없음. 이 글을 보는 대로 그때 떨어졌다고 연락 부탁드림.

언론중재위원회

온라인으로 자소서 쓸 때, 무슨 개인정보 관련해서 동의서에 '동의합니다' 이런 거나 자소서 맨 밑에 '상기 사항이 사실이 아닐 시에는 불이익 받는 것을 감수하겠다' 이런 게 있음. 보통 클릭해서 동의합니다에 체크하는 정도로만 돼 있는데 여기는 뭐 육필 서명을 스캔해서 이미지 파일로 붙여서 보내라고 함. 암튼 졸라 복잡하다는 게 함정. 더 함정은 서류광탈.

에이블씨앤씨

화장품브랜드 미샤의 회사명. 매출도 높고 성장 속도도 엄청 빠르나 사람을 안 뽑음. 2013 채용에서 총 일곱 개 직무에서 신입/경력 포함해서 채용예정 인원은 0명으로 한 자릿수였음. 결국 각 직무 경력으로만 한 명씩 뽑겠다는 말이었음. 이딴 식으로 하지 말라고 말하고 싶음. 서류에서 광탈.

여천NCC

평균 연봉 1위로 네이버 검색 1위 먹은 적 있음. 근속연수도 20년으로 1위. 웃기는 게 닥취에서 여천NCC 클릭하면 뜨는 글이 있는데 거기 어떤 놈이 리플을 달아놓은 게 있음. '어 여기 작년에 연봉 1등으로 네이버 검색어 1등 했던 거기네요.' 그랬더니 그 리플에 리플이 한 30개가 달렸음. '이 X새끼야. 니가 이 말해서 쓰는 새끼들 더 늘어날 거 아냐?' 막 이러면서. 암튼 여기는 한화랑 대림이 합작해서 만든 회사라고. 석유 쪽인 거 같은데 여수에서는 GS칼텍스보다 더 좋은 회사라고. 상관없이 탈락.

워커힐

여기는 지원할 때 전신사진을 내야 함. 처음 1년 동안 무조건 딜러 시킨다는 이야기가 있음. 각설하고 탈락.

유진자산운용

자소서 항목이 1번 지원동기. 2번 입사를 위해 준비한 것. 3번 포부 및 계획. 각각 600-800자 쓰라고 하는데, 사실 그게 그거 아닌가? 취준생들이 제일 싫어하는 자소서 유형. 의미 없는 비슷한 질문에 취준생은 빡친다. 그게 티 났는지 탈락.

이디야 커피

점포 수가 우리나라에서 제일 많다고 함. 소규모 점포, 테이크아웃점 같은 게 많아서. 그리고 취업 카페에 이런 글이 올라온 적이 있음. 제목이 '연고대 색기들아, 이런 데 좀 쓰지 마라'였고. 그러니까 어떤 고연대 나온 놈이 '다른 데 다 떨어져서 이디야 쓴다'고 하니까 '난 지방잡대 어디 대학인데 연고대 니네가 이런 데 쓰니까 우리가 이런 데마저 다 떨어지는 것 아냐?'라고. 그 망할 고연대 놈들 때문에 서류 탈락.

E1

인적성 보러 가면 돈을 줌. 취준생 입장에선 고마운 일. 고마워할 기회도 없이 서류 탈락.

인사관리협회

여기는 성적 입력할 때 학기별 평균까지 다 써야 됨. 그리고 휴학기간 칸이 한 네다섯 개가 있어서 휴학기간에 뭘 했냐 쓰는 것도 있음. 그리고 또 웃긴 건, 본적 쓰는 옆에 하나가 더 있음. 본관. 아니, 왜 이런 것까지 물어보는 건지? 서류 광탈.

코리아나화장품

여기는 진짜 X같은 게, 자소서에 가족 월수입 쓰는 란이 있음. 그리고 여기 사이트에 오타가 졸라 많음. 이런 덴 들어가도 문제. 지원 안 함.

코리안리

이곳도 신의 직장이라 불리는 곳. 여기는 축구 면접하고 등산 면접하고 그런다는. 그리고 몇 년 전까지만 해도 자소서 자필로 써내는 거였음. 우리는 운동 싫어함. 지원 안 함.

하나다올신탁

〈취업학개론〉 AWARD에서 최악의 채용 프로세스상 수상. 서류 빼고 1차 인적성 및 면접, 2차 인적성 및 필기 전형, 3차 최종면접까지 통틀어서 마지막 경쟁률이 제일 높다는. 1차에서 27명 뽑고, 그다음 7명 떨어뜨린 20명 뽑고, 그다음 3명 자르고 12명. 그리고 마지막에 무려 9명 떨어뜨림. 인적성도 두 번이나 봄. 최종까지 진짜 몇 번을 왔다 갔다 했는지…… 게다가 신체검사도 최종면접 전에 받아야함. 아무리 채용과정에서 지원자는 을이라지만 좀 너무했음. 취업계의 남양유업. 방송에서 욕 엄청 먹음. 최종면접에서 탈락.

한국경제그룹미디어

자소서 항목이 한두 개정도 인데, 거기 친절하게 이렇게 써 있음. '윈도우즈 사용하시는 분은 MS오피스를 이용하여 컨트롤 씨 컨트롤 브이 해서 붙여 넣으시면 편리합니다.' 그러니까 권유하는 거지, 붙여쓰기 하라고. 이런 자세, 모두가 지향해야 함. 그러나 필기전형에서 탈락.

한솔제지

우리나라 제지업계의 42프로를 독점하고 있다는 얘기가 있음. 암튼 복지도 괜찮다고 하고, 좋은 데인 것 같음. 그러나 서류 탈락.

한진

자조서 졸라 김. 한 1,000자 되고, 항목에 이런 것도 있었음. 향후 해운업의 미래에 위협되는 요소가 뭐가 있는지 쓰시오. 젠장. 지들도 몰라서 허우적대는데 내가 어찌 아나. 서류 탈락.

해커스교육그룹

인적성 유형이 좀 특이함. 고등학교 중간고사 같은 느낌? 도형 이런 게 엄청 많이 나오고, 계산 문제는 거의 없고. 인적성으로 과외 선생들을 뽑는다는 우스갯소리도 있음. 아무튼 필기에서 탈락.

해태제과

과거 2차 면접인가 최종 전에 등산 면접이 있었음. 등산하면서 면접관이랑 얘기한다고 함. 등산 싫다니까. 지원 안 함.

현대그룹

〈취업학개론〉 AWARD에서 개근상 수상. 방송 때마다 거의 매번 등장한 기업임. 거의 1년 내내 현대그룹 계열사들 채용이 진행 중이라 해도 과언 아님. 삼성그룹 같은 경우는 그룹 공채를 똑같은 진행 프로세스로 하는데, 여기는 중구난방임. 현대그룹 사이트 들어가면 계열사 별로 상이한 공채기간이 쫙 나와 있음. 그 수많은 계열사를 지원했음에도 모두 서류 광탈

현대글로비스

해운회사. 현대차 덕에 최근 매출 1위인가 했다는. 현대차를 여기 배로 옮기는 거라 함. 그래서 한진해운 같은 유명한 데서 현대글로비스 졸라 깐다는 얘기도 있고. 까든 말든 서류 광탈

현대카드

대외적 이미지는 굉장히 좋은 기업인데 꼭 그렇지만도 않은 듯. 친구 중에 현대카드 영업부 쪽에 있는 사람이 있는데 얘기 들어보니 여기 장난이 아니라고. 무슨 감시 카메라를 달아놓고 점심시간이 1시까지인데 1시 이후로 들어오면 왜 늦게 들어왔냐고 부른다는 풍문. 서류 광탈

CJ

여기는 채용 사이트를 새로 리뉴얼했는지 깔끔해졌음. 근데 가끔 자소서 쓰다가 지울 때 백스페이스 누르면 앞 페이지로 넘어가는 게 함정. 다 지워져버림. 대체 뭘 위한 리뉴얼인가. 인적성에서 탈락.

CJ E&M 제작PD

여기는 PD 뽑는데 뭐 거의 슈퍼스타K마냥 오디션을 보는 거 같음. 그리고 그룹 제작 면접이 있음. 팀원 간의 커뮤니케이션 역량을 본다고 함. 어떤 팀은 결과물이 잘 나와도 한 명만 붙고, 어떤 팀은 결과물이 채 완성이 되지도 않았는데 거의 다 붙기도 한다고. 존슨 최종면접까지 진행. 그 결과에 대해선 묵묵부답. 또 모종의 사건에 휘말린 듯.

KCB

신용정보회사. 여기는 도대체 뭘 보고 뽑는지 모르겠음. 자기소개서 항목도 없고 그냥 스펙만

쓰게 되어 있음. 뭐 경력사항도 쓰는 게 없음. 설마 우리 정보를 이미 다 가지고 있나? 서류 광탈한 걸 보니 정말 정보를 가지고 있는 듯.

KDB 산업은행

자소서를 자필로 내야 됨. 자필로 써써 스캔을 해서 내라고 함. 그 정도 열정이 없으면 들어오지 말라는 건가? 지원자의 열정을 그렇게밖에 확인하지 못하는 후진성에 한숨만. 꼰대라는 이름을 그대에게. 지원 안 함.

LG그룹

〈취업학개론〉 AWARD에서 개근상을 아쉽게 놓치고 전근상 수상. 뭐 어딜 가나 2위인 건가. 뭣보다 여기는 딴 거 다 필요 없고 자소서가 졸라 길고 복잡함. 계열사 몇 군데 안 썼으나 암튼 서류 광탈.

LG생활건강

여기 관련해서 모 사이트에 누가 리플을 달았었음. 채용설명회 다녀온 사람들한테 가산점을 준다고. 그래서 어떤 놈은 자기한테 커피 사주는 사람한테 채용설명회 참석했던 아이디 넘겨주겠다는 글을 쓰기도 했음. 암튼 여기 세일즈 직무 자소서에는 그런 항목이 있었음. '최근 국내 소비자 시장은 온라인 시장이 급속도로 발전하는데 LG생활건강의 영업사원으로 당사 사업영역 중에서 한 개의 사업을 선택하고, 현재 발전 또는 정체된 한 개 유통채널을 선정하여 해당 채널의 현황을 반영한 영업 전략을 논리적으로 제시해주기 바랍니다.' 취준생이 열과 성을 다해 제시한 영업전략을 채용을 빌미로 공짜로 이용해 먹으려는 심보 아니냐는 비판 아닌 비판을 받을 만함. 내년에는 좀! 아무튼 서류 광탈. 채용설명회 안 갔음.

LG패션

여기 자소서는 400자 7항목. 근데 특이한 점은 자소서 항목 중에 '내가 추천서를 받는다면 누구에게 받을 수 잇을 것이며, 자기가 그 추천서를 쓴다고 생각하고 400자 내외로 쓰시오.' 아 그리고 여기는 LG패션 브랜드 70프로 할인해준다고 하니 옷 좋아하는 사람은 필히 지원. 옷 좋아하지만 서류 광탈.

LIG손해보험

여기 본사 다니는 절친이 요즘 강력하게 퇴사를 준비하고 있다고. 최근 부서에서 한두 명을 이직, 전직시켰는데 충원을 안 한다고 함. 영업 쪽으로는 충원을 해도 본사 지원부서는 전혀 인원

충원을 안 하다 보니 혼자서 두세 사람 일을 다 하고 있다고…… 뭐, 그 친구와 상관없이 서류 탈락.

OB맥주

우리나라 맥주 점유율 1위라고 함. 원래는 하이트가 1위였는데 얼마 전에 제쳐서 15년 만에 순위가 바뀌었다고. 하지만 근무환경이나 처우는 여전히 하이트 진로가 훨씬 더 좋다는 풍문. 암튼, 여기는 특이한 게 자소서에 혈액형을 쓰라고 함. 도대체 왜? 1차 면접에서 탈락.

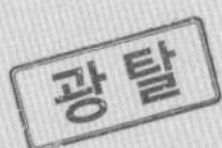

P&G

외국계 회사라 그런지 사이트가 졸라 복잡함. 국가 선택하고, 무슨 서버 정하고, 부서 선택하고. 무슨 스타크래프트 배틀 넷 가입하는 거 같았음. 복잡해서 지원 포기.

SBS

자소서는 1,000자씩 5항목. 자소서 항목에 제목을 꼭 붙이라고 함. 서류 탈락.

SBS미디어크리에이트

국내 최초의 민영미디어렙. 면접 전까지 뭐하는 데인 줄 잘 몰랐음. 쉽게 말해 한국방송광고공사의 민영회사 버전이라고 보면 됨. 그냥 방송사 광고영업하는 회사. 특이한 점은 인적성을 집에서 온라인으로 봄. 면접관들이 이례적으로 본인에게 큰 관심을 보이고 장기자랑까지 시켰으나 날 떨굼. 1차 면접에서 탈락.

SK

여기도 자소서 긴 데로 유명. 취준생들 사이에서는 SK랑 LG전자 쓰면 자소서의 9부 능선을 넘는다는 말이 있음. 취준생들에게 이미지는 굉장히 좋으나 사실 다른 기업과 크게 다를 바 없다는 평.

SK플래닛

SK M&C가 플래닛으로 들어갔다고 함. 합병을 하면서 사업 규모가 엄청 커졌다고. 어플리케이션, 기프티콘, T맵, 멜론, 로엔 엔터테인먼트에 무슨 사업컨설팅도 하고, OK캐시백도 하고, 예식장도 하고. 암튼 여기 연봉수준이 SK텔레콤과 함께 탑을 달린다는 소문이 있음. 아마 SK플래닛 인사팀에서 흘린 듯. 서류 광탈.

그것만이 내 세상 _ 들국화

세상을 너무나 모른다고
나보고 그대는 애기하지
조금은 걱정된 눈빛으로
조금은 미안한 웃음으로
그래 아마 난 세상을 모르나 봐
혼자 이렇게 먼길을 떠났나 봐
하지만 후횐 없어 울며 웃던 모든 꿈
그것만이 내 세상
하지만 후횐 없지 찾아 헤맨 모든 꿈
그것만이 내 세상
그것만이 내 세상

세상을 너무나 모른다고
나또한 너에게 애기하지
조금은 걱정된 눈빛으로
조금은 미안한 웃음으로
그래 아마 난 세상을 모르나 봐
혼자 그렇게 그 길에 남았나 봐
하지만 후횐 없지 울며 웃던 모든 꿈
그것만이 내 세상

하지만 후횐 없지 갖고 왔던 모든 꿈
그것만이 내 세상
그것만이 내 세상

철수 뭐랄까 취업준비를 하는 사람도 많겠지만, 반대로 퇴사를 결심하는 친구들도 있을 테고, 혹은 창업이나 여타 다른 여러 가지를 준비하는 젊은 친구들이 많잖아. 근데 어쨌든 뭐 남들이 걱정할지 모르지만 그게 내 세상이다. 이게 그런 노래 아니냐?

존슨 너무 세상을 희망적으로 바라보는 거 아냐?

철수 아니 니들이 보기에 X같더라도. 난 이런 X같은 세상을 산다. 그게 좋든, 싫든. 나는 전인권 선배가 이 노래 부르는 걸 직접 봤는데 소름이 돋더라고. 그 사람도 그동안 뭐 풍문이 많았잖아. 근데 자기 인생을 간다는 이 가사가 묘하게 공명하면서 뭔가 우리도 무슨 어떤 걸 하든 우리가 하고 싶은 걸 하고…….

존슨 정말 하고 싶은 거 하는 게 중요한데 그게 힘들지. 만족하려고 노력하면서 사는 거랑 정말 만족하면서 사는 거는 다른 거잖아.

철수 사실 빡친 취준생들한테 용기 좀 주고 싶어서. 나도 좀 받고. 나도 쉰 지 이제…… 생각보다 오래됐는데. 어쩔 땐 내가 비정상인가, 내 나이 대의 다른 애들은 다 돈 벌고 그러니까. 근데 또 사실 생각해보면 내가 선택한 거고, 뭐 어쨌든 나도 그동안 잘 놀았고, 그럼 된 거 아닌가 싶기도 하고.

존슨 정말 마음 편히 잘 놀았나? (웃음)

2부

애달픈 취준생들을 위한 본격 수다 한 판

"취업, 어디까지 가봤니?"

세상 어디에도 없는 웃기는 취준생, 철수와 존슨의 리얼 토크 현장

Part 3

철수와 존슨의
고민상담소

인적성 전형,
싸트가 제일 쉽다고?

▶ Question

싸트가 제일 쉬운 인적성이라는 게 사실인가요? 오늘 인적성 보러 갔는데 싸트 풀면서도 멘붕했거든요. 그럼 다른 인적성은 거의 못 푸는 건가요? 찍어야 하나? ㅠ

철수 공부를 안 하고 갔구만.

존슨 근데 인적성이라는 게 시발 사실 참 그래. 나도 인적성을 많이 봤지만 붙은 것도 이해가 안 가고, 떨어진 것도 이해가 안 가. 왜 붙었는지 모르겠어. 문제가 존내 어렵잖아.

철수 내 말이. 사실 너나 나나 푸는 게 얼마나 다르겠냐?

존슨 아니, 내 말 뜻은 그런 뜻은 아니었는데. (웃음)

철수 자 그럼 리플을 볼까.

존슨 칼셋? 이게 무슨 소리냐?

철수 대한항공 KALSAT 말하는 거 아냐?

존슨 거기도 이런 걸 봐? 이렇게 다 볼 거면 기업마다 유형을 좀 똑같이 가면 편할 텐데.

철수 같은 거 보는 회사들도 있어. 문제 제공하는 회사가 있기 때문에.

존슨 에이치켓은 뭐야? 디캣(DCAT)은 두산그룹, 스크는 SK고.

철수 에이치켓(HCAT)은 현대자동차고, 에이치에이티(HAT)는 한화 인적성.

존슨 암튼, 문제가 쉬우면 뭐하냐. 통과는 제일 어렵습니다, 이게 중요한 거야.

철수 그래 통과가 중요한 거지. 저 총평 내린 새끼 내가 봤을 때 취준생이야.

존슨 맞아. 너도 SK 같은 경우는 합격했잖아.

철수 근데 SK는 좋은 게 그거더만. 한 번 시험을 보면 1년인가, 2년인가 그 점수로 가잖아. 그게 편하더만.

존슨 합리적이지. '싸트가 쉽긴 무슨. 고대생도 우수수 떨어지는데.' 이 색기가 좀 통찰력이 있네. '모르는 것들 비우는 게 나을까요?' 이건 진짜 영원한 문제야. 너는 어떻게 하냐?

철수 나는 다 찍어. SK는 안 찍고. SK는 찍지 말라 그러잖아. SK는 좀 어렵긴 어렵던데, 사실 나는 문제가 어려운 거 보면서 반갑더라고. 내가 사실 수학적인 이런 거 잘 못하잖아. 이게 남들한테도 다 어렵다고 생각하니까 오히려 씨바 나랑 똑같아지는 거잖아. 문제가 조금만 쉬워져버리면 나는 못 풀고 다른 사람들은 푸는 상황이 온단 말이야.

존슨 그래. 웃기는 게 싸트 같은 경우는, 우리 같은 전문 취준생보다도, 이제 막 수능 준비하고 있는 고3들 데려다 놓고 풀라고 하면 존내 잘 풀 거야, 아마. 그리고 막 과외 많이 해본 애들 있잖아. 그런 애들이 잘 풀더라고.

철수 그렇지. 수학을 평상시에 접해본 애들이니까.

존슨 싸트 얘기 나온 김에 다른 그룹 인적성도 한번 짚어 보자고. 너 CJ는 본 적 있나?

철수 떨어졌지. 한 번.

존슨 넌 왜 이렇게 떨어지냐?

철수　아니 CJ말고 나는 다른 인적성을 꽤 붙었지. CJ는 시간이 졸라 부족하더만.

존슨　근데 다 그래. SK나 CJ나 뭐 그게 그거잖아.

철수　SK는 아싸리 어려우니까 맘 놓고 많이 안 풀었지. 그러니까 붙데.

존슨　나는 반도 못 푼 것도 있었어.

철수　그래서 안 찍었어?

존슨　어. 냅뒀지. 그런데도 붙었고. 그래서 나는 못 푼 건 무조건 비워놔. 그냥.

철수　BC카드 같은 경우에는 계산기를 주더라고. 뭐 어쨌든 그건 졸면서 풀었는데 붙었어. 근데 왜 붙었는지는 모르겠어. 그런 거 보면 인적성에 너무 그렇게 스트레스 받을 필요는 없을 것 같애. 뭐 물론 기본적인 지식은 있어야겠지만.

존슨　그렇지. 그리고 인적성은 한 그룹사를 집중적으로 준비하는 건 의미가 없는 것 같애.

철수　그냥 기본적인 지식이나 응용력 뭐 그 정도.

면접 스터디에서 최선을 다하면
손해라는데…

▶ Question

면접 스터디에서 다들 최선을 다해? 면접 스터디 하고 있는데 이거 가만 보니까 다 경쟁자잖아. 다들 일부러 열심히 안 하는 거 아냐? 하다 보니 그런 생각이 드는 거지. 나는 열심히 준비 중인데 '어라?' 싶은. 그냥 대충 하고 분위기만 보다 오는 게 나을까?

철수 단물 빨러 나오는 놈들 분명히 있지. 자기는 대충 하고 남이 어떻게 하는지 보려고. 무임승차하는 시키들.

존슨 근데 면접 스터디 가서 남이 하는 거 들어봤자 그게 무슨 큰 도움이 될까 싶어. 단물 빨기도 힘들어 사실. 자기가 말해보지 않는 이상. 남이 하는 거 들어서 얼마나 도움 되겠어?

철수 아니, 내 친구도 스터디를 두 개 하는데 하난 관뒀대. 하다 보면 꼭 한 시키가 그런다는 거야. 자기가 무슨 대답을 하면 '어? 그거 괜찮다. 나 이거 써먹어야겠다' 그렇게 얘기를 한다는 거지.

존슨 아 그래?

철수 어. 자기는 평소 준비를 안 하고 받아먹기만 하는 거지.

존슨 같이 죽자는 거 아냐, 그러다 둘이 똑같은 대답하면.

철수 그러니까. 그런 애들이 진짜 있나 봐.

존슨 근데 또 웃기는 게, 내가 면접 스터디를 많이 해본 건 아니지만, 스터디에서 나온 질문이 면접에 나온 경우가 한 번도 없었어. 그리고 어차피 인성 관련 질문은 자기 자소서 토대로 하는 거잖아. 베낄 수가 없어.

철수 아니, 근데 나 같은 경우에는 금융그룹, 그러니까 은행 얘긴데. 앞으로 은행 가서 어떤 업무를 하고 싶냐 물어보잖아. 그러면 스터디에서건 면접에서건 90% 이상이 PB라고 대답해. 근데 나는 스터디 할 때 PB가 뭔지도 몰랐단 말이야. 그래서 난 대출업무, 그러니까 여신 쪽으로 하고 싶다고 말했지. 왜냐, 은행의 가장 기본적이지만 가장 궂은 업무를 도맡아 하겠다고. 그랬더니 애들이 '오, 그거 괜찮네. 나도 저렇게 말해야지' 그러고…….

존슨 근데 PB가 뭐냐?

철수 프라이빗 뱅킹이라고 투자 상담해주고 그런 거 있잖아? VIP 대상으로. 근데 실제로 은행 가보니까 중요한 건 대출 업무인 거지.

존슨 뭐 암튼 너 거기서 된 거 보면 그게 먹혔나 보네?

철수 그럴 수도 있고. (웃음) 그러니까 내 생각은 스터디를 하더라도, 뭐 실전처럼 연습을 하는 거는 좋지만 한두 방 정도는 남겨줘야 하는 거 아닌가, 그런 생각이란 거지.

존슨   그래. 맞는 말. 너무 오픈하는 건 좀 그렇겠네. 아니 근데 뭐하러 영
        양가 없는 스터디 가면서 스트레스 받고 그러냐? 차라리 그 시간에
        술을 한잔 하면 좀 더 인생이 행복해질 수 있다고 본다, 나는.

면접에서 이런 질문,
어떻게 답해?

존슨 아니 근데 친구가 많은지는 왜 물어봐? 당연히 많다고 하지. 저 왕따에요, 이럴 거야?

철수 '아는 사람들은 많지만 친구가 많은 편은 아닌 거 같습니다.' 솔직히 이런 게 더 진솔해보이지 않냐?

존슨 난 솔직히 질문의 의도 같은 거는 너무 생각할 필요가 없다고 봐. 그냥 할 말 없을 때 하는 질문이야, 이런 건. 면접관들도 사실 계속 앉아 있다 보면 말 끊길 때 있잖아? 그러니까 뭐든 딱 던져놓고 주위를 환기시키면서 그다음 할 질문을 생각하는 거야, 내가 생각할 때는.

철수 그러니까. 이 사람 정도면 괜찮은 거 같애. 사실, 이거 하나로 면접이 결정되거나 그러진 않겠지.

존슨 이런 질문이랑 콤보는 그거 잖아. '지금 당장 연락하면 올 수 있는 친구가 몇 명 되냐.'

철수 어. 여기 밑에 리플이 그거야.

Lre: 이런 질문도 있었음. 새벽 두 시에 몇 명이나 불러낼 수 있냐. 그래서 여덟 명이라고 했음.

존슨 이 색기, 확인 안 된다고 막 던지네. 새벽 두 시에 부르는데 누가 나와? 여덟 명? 난 한 명도 없어 시발. 우리 엄마도 안 나올걸? (웃음) 너는 새벽 두 시에 부르면 누가 나올 거 같냐?

철수 자야지. 그 시간에 누굴 부르고 있어?

존슨 나는 안 나간다.

철수 오케이.

존슨 자 그럼 다음. 이것도 면접에서 받았던 질문이라는데. 한번 봐봐.

▶ Question

기업 홍보부서 다니는 형님들, 누님들. 면접 관련해서 질문 좀. 면접관이 '홍보란 무엇인가'라고 100% 물어볼 거 같은데 어떤 식으로 답변하면 좋을까? 솔직히 광고랑 마케팅이랑 개념이 겹치는데 은근 정의하기 어렵더라고.

철수 너 홍보팀 경험 있잖아. 인턴한 적도 있고. 홍보랑 마케팅, 다른 게 뭐야?

존슨 글쎄, 모르겠는데. 그럴 땐 두루뭉술하게 말하는 게 짱이야. 좀 인문학적으로. (웃음)

철수 사회학적으로.

존슨 아니, 인문학적으로.

철수 홍보는 사회학이잖아.

존슨 아니 사회학이지만 이런 두루뭉술한 질문은 인문학적으로 대답해야 돼. (웃음)

철수 저희의 마음을 달래는 부서죠, 이런 식? (웃음)

존슨 아니 그건 안 돼. (웃음)

대학교 편입이
취업에 미치는 영향

▶ Question

대학교 편입이 취업에 어떤 영향을 미치거나 그러나? 사람들마다 말이 다른데 존슨과 철수가 최전방에 있는 사람으로서 이 주제 좀 다뤄줄래?

철수 그래. 서류 과정에서 과연 편입이 큰 영향을 끼칠까?

존슨 내가 고파스(고려대학교 재학생 커뮤니티)에서 본 글인데, 그런 게 있대. 현대자동차인가 무슨 대기업에서 서류 보는데 여러 가지 카테고리가 있을 거 아냐. 학교 정보, 편입 여부 그런 것들. 그 여러 항목들을 다 점수로 쫙 낸대. 스카이면 만점. 그리고 스카이 다음에 뭐냐, 서성한(서강대, 성균관대, 한양대)? 거기는 한 90점 뭐 이런 식으로. 그리고 편입이면 5점 감점. 그런 항목이 있다고 하더라고.

철수 전부 다 그렇지는 않을 거 같은데.

존슨 뭐 당연히 회사마다 다르긴 하겠지만 편입이 감점대상인 데가 있다는 거야. 근데 왜 편입이 차별을 받아야 하는 거야?

철수 그러니까. 내 말이.

존슨 그 분교 같은 건 있잖아. 캠퍼스. 연세대 원주캠퍼스나 고려대 서창 캠퍼스. 이런 걸 구분해야 되는 건 맞아. 아예 입학전형이 다르니까. 그런데, 편입 같은 경우는 정식 절차를 통해서 입학을 한 거잖아. 근데 왜 그게 까여야 하는지 모르겠어. 오히려 수능으로 들어가는 것보다 편입을 통해서 들어가는 게 어렵지 않냐?

철수 그렇지. 남들 술 마실 때 공부도 더 많이 하고.

존슨 그리고 경쟁률도 존내 세잖아. 오히려 나는 편입이면 가산점을 줘 야 할 거 같은데.

철수 나도 약간 의아해.

존슨 암튼 편입 같은 건 자소서에 좋은 경험으로 녹여서 잘 쓸 수도 있지 않나, 나는 그렇게 생각을 하고 있어.

철수 그리고 그런 생각도 들어. 편입 때문에 안 되는 건가라고 생각하는 애들은 분명히 자기가 안 돼서 이런 생각을 할 거란 말이야.

존슨 그치.

철수 내가 봤을 땐 결정적인 문제는 편입이 아냐. 그걸 한번 생각해봤으 면 좋겠어.

존슨 너 오늘 논리구조가 괜찮은데?

철수 왜 이래, 나 안동 김 씨야! (웃음) 암튼 편입하는 친구들, 너무 개의 치 말고.

존슨 맞아. 고파스 거기 들어가 보면 알 거야. 안암캠퍼스 정식으로 입학

한 놈들이 얼마나 우수수 떨어지는지. 괜히 실패의 이유를 이상한 데서 찾으려고 하지 말자고.

철수 맞아. 그리고 어떡할 거야. 이미 어쩔 수가 없는데. 학벌이나 경력을 세탁할 수도 없고.

존슨 그렇지.

철수 개의치 말고 그냥 새로운 자소서로 전진해야지.

존슨 이미 바꿀 수 없는 건 굳이 생각하려고 하지 말아야 돼.

연봉,
어느 정도면 만족해?

▶ Question

연봉 어느 정도면 만족하세요? 중견기업이어도 3천 주면 가실 건가요?

존슨 난 연봉, 돈은 그렇게 신경 안 쓰는데. 3천이면 괜찮지 않나?

철수 3천 정도면 좋지. 통장에 월 200 이상만 꽂히면야.

존슨 너 그 최대 금융그룹에 있을 때 200 안 찍혔어?

철수 첫 월급이 175만 원이었어.

존슨 막 쪼개서 줘서 그런 거 아냐?

철수 아니 그러니까 30% 삭감 됐었잖아, 금융권이. 근데 삭감된 상태에서도 기본 연봉이 3천이 넘었는데 175가 찍히더라니까.

존슨 야 3천이 넘었는데 어떻게 175가 찍혀?

철수 그걸 내가 어떻게 알아, 씨바.

  존슨 난 기본급이 3천 600일 때 세후 260 정도 찍혔었는데.

철수   그니까 대기업들 대부분 연봉의 일부를 주식으로 주고, 일부는 자기 연금 신탁 넣고, 일부는 또 어디 떼어가고, 세금 떼고 그러다 보니까 실제로 통장에 찍히는 건 얼마 안 돼. 야, 우리 그거에 대해 말해보자. 회사 볼 때 제일 먼저 보는 기준이 뭐냐? 연봉, 인지도, 근무여건 그런 거 중에.

존슨   난 인지도가 제일 아래. 네임밸류 그거, 커리어 쌓는 의미에선 필요하다고 볼 수도 있는데, 사실 보통 회사 인지도 따지는 애들은 자랑하려고 그러는 거 아냐. 특히 부모님들. 여기는 가야 친척들, 친구들한테 자랑도 하고 그러니까 본의 아니게 취준생들한테 압박을 주는 거지. 너는 어때?

철수   나는 이미 국내 최대 금융그룹을 다녀봤으니까. (웃음) 네임 밸류 찾아서 뭐 그럴 이유도 없고. 그러고 싶지도 않고. 이미 자랑도 할 만큼 했고. (웃음)

존슨   나도 좀 그래. 자기가 무슨 회사에 소속됐다, 그래서 회사 이름으로 자기 자랑하고 그러는 건 좀 씁쓸한 일이지. 그게 무슨 지가 대단한 거야? 회사가 대단한 거지.

철수   대부분 그렇게 회사랑 자기를 일체화하는 애들이 많잖아. 그게 좀 안타깝지. 나는 회사 볼 때 중요한 건 그거. 야근.

존슨   그치. 그거 중요하지. 저녁이 있는 삶.

철수   그 외에 근무 환경. 뭐 업무 강도.

존슨   내가 생각하는 회사에서 중요한 건 흥미지, 흥미. 재미가 있느냐, 없느냐. 직무의 문제.

철수   그럼 재미는 있는데 월급의 마지노선은?

존슨   진짜 재밌고 내가 할 수 있는 거면, 한 달에 통장에 한 100? 120, 130? 그 정도 찍혀도 할 수 있을 거 같애, 난.

철수   120? 잡지사 가.

존슨   120? 너무 적잖아. 안 가.

철수   …….

존슨   …….

철수   뭔 X소리야? (웃음)

존슨   암튼 뭐 그래. 나는 직무가 제일 우선이고. 그다음 뭐 근무 환경, 그다음이 연봉, 그다음이 네임 밸류. 뭐 이런 순이 되겠네. 원하는 직무에 중견기업인데 3천이라. 이 정도면 완전 꿀이지. 그리고 솔직히 중견기업에 가면 대기업보다 직무상 배울 수 있는 게 훨씬 많아. 대기업은 인원이 많으니까 업무를 존내 세분화해서 한 사람, 한 사람. 그러니까 매일 똑같은 일밖에 안 해. 그에 반해서 중견기업은 인원이 충분치 않으니까 한 사람이 업무 관련해서 여러 가지 전반적인 일을 다 해야 하지. 그래서 배울 수 있는 것도 많고. 그래서 오히려 이직도 더 잘 되는 경우가 많아. 대기업 가면 톱니바퀴야. 그냥 시다바리라고.

철수   그렇지. 신문 배달하고, 컴퓨터 키러 다니고.

존슨   연령별 평균연봉 통계를 봤는데. 20대는 남자, 여자 구분 없이 평균 2천 370만 원. 그리고 30대는 3천 400만 원. 40대는 4천 100만 원. 50대는 4천만 원. 이런 상황이야. 60대는 2천 600만 원. 60대는 거의 20대랑 비슷해지네. 현실이 이렇다고. 그러니까 너무 주위 사람들이랑만 비교하면서 연봉에 열등감 가질 필요 없어. 3천이면 높은 거야.

합격 후
선택의 기로에서

철수 닥취니 취뽀(취업 커뮤니티, 취업 뽀개기)니 이런 데 익명게시판 가면, 무슨 은행이 신의 직장이야. 그런 말은 들으면 안 돼.

존슨 (웃음)

철수 마지막 리플, 저 말이 맞는 게, 사실 예전에 은행이 자체 수익만으로 매출을 내고 이럴 때는 은행이 거의 갑이었지. 근데 이제 은행 자체의 수익은 거의 없어. 카드를 팔고 펀드를 팔고 해야 은행 수익이 나는 시점에서, 은행은 이제 모든 금융사들의 을이야. 다 팔아야 돼, 다.

존슨 그거 진짜 막 못 팔고 그러면 인사과에 불려 나가고 그러냐?

철수 지점장들이 불려 나가지. 그럼 내리갈굼이 시작되고. 책임 문책은 지점장, 그다음이 차장 이하 책임자들인데, 그게 X같은 거지.

존슨 그러면 같은 지점에서 나는 못 팔아도 동료가 존내 잘 팔고 그러면?

철수 자기 개인 실적이 계속 누적이 되고 공개를 하기 때문에 누구나 다 확인을 할 수가 있어.

존슨 와 X같다.(웃음)

철수 (웃음)

존슨 내가 뉴스에서 봤는데, 요즘 그런 데이터베이스가 있다더라고. 동료 평판. 회사에서 일하면서 쌓은 평판 같은 게 데이터베이스화 된다고.

철수 다면평가 하고 그러면 그것도 누적이 되지.

존슨 그래서 어떤 임원이 다른 기업으로 이직을 하려는데, 최종면접까지 잘 봤는데 그런 데이터베이스가 남아가지고 그것 때문에 떨어지고 그랬나 봐.

철수 그래. 내가 은행 있을 때도. 전 지점장이 대기발령이라고 잠깐 잘렸대. 실적으로는 1, 2등 했는데, 다면평가에서 부지점장 밑으로 전부 다 X같이 써놓은 거지. 그래서 잘려가지고 한 3개월 쉬었다더만.

존슨 그럼 3개월 휴가 보내준 거 아냐?

철수 월급을 못 받잖아.

존슨 그럼 좀 어때.

철수 야, 돈 벌려고 그 지랄하는 건데. 애들 학원비 어떻게 댈 거야? 학원비 벌려고 일 졸라 하는 건데.

존슨 그러니까 애를 낳으면 안 돼. 그게 이 그지 같은 세상에 대항하는 유일한 방법이라니까. 학교 다닐 때 교수가 그랬어. 자본주의를 유지하는 토대는 자식들한테 쏟아부은 인풋보다 더 많은 아웃풋을 자식들한테서 거두어들일 수 있을 거란 기대다.

철수 (웃음) 암튼 내가 하고 싶은 얘기는, 은행에서 매일 아침 6시, 7시에 그 전날 실적이 누적이 돼서 공개가 된단 말이야. 다른 지점 간의 경쟁이 있어. 아침 8시에 회의를 하면서, 오늘은 우리가 이 지점한테 몇 개 뒤졌는데 카드를 몇 개 더 팔아야 된다, 뭐 이런 회의를 계속 하는 거야. 그래서 오늘 영업시간 내에 몇 개를 팔자고 서로 나누고. 못 팔면 연말에…….

존슨 근데 은행은 무슨 직무로 들어가든지 그걸 해야 되는 거야?

철수 그렇지. 신한은행 같은 경우는 전부 다 영업점 행원으로 가는 게 원칙이야. 아, 공대 출신으로 IT 부서로 가는 애들 한두 명 빼고. 영업점에서 2년 이상을 해야 본사로 갈 수 있는 거지. 아무튼, 그다음 이 질문도 비슷한 건데 한번 같이 짚어보자.

존슨 성격상 GS나 대한항공 쪽이 더 맞을 거 같다는 건 뭐야?

철수 얘도 좀 소극적인 성격인가? 외환은행이야 영업이고, 대한항공 그쪽은 마케팅이나 그런 쪽으로 썼나 보지. 암튼 만약에 이러면 넌 어떻게 할 거야? 예를 들어, 니가 삼성에 붙었어. 근데 그 연수 들어가는 날, CJ PD 1차 면접이 있는 거야. 그럼 어떻게 할 거야? 삼성 연수 들어갈 거냐, 그 면접 보러 갈 거냐?

존슨 음…… 면접이 1차라면 좀 고민이 되겠는데, 만약 PD 면접이 최종이다, 그러면 난 CJ 가겠다.

철수 진짜? 아무 거리낌 없이?

존슨 어. 막 지금 이 상황에서 너무 절박하니까 직무 같은 거 안 따지고 되는 대로 가자, 이렇게 생각하는 경우가 물론 많을 거야. 그게 이해가 안 되는 것도 아닌데, 진짜로 거기서 일할 20, 30년을 한번 생각해봐. 이건 정말 신중해야 하는 문제야. 근데 20, 30년까지는 일 안 하겠지?

철수 그 전에 잘리겠지. (웃음) 암튼 여기 리플 단 거 보면, 대부분 뭐 갑론을박이야.

└re: 은행 퀄리티가 이렇게나 떨어졌나. 고민할 것 없이 당연히 은행 아닌가?
└re: 무슨 쌍팔년도도 아니고 은행 퀄리티야. 은행 정년도 못 채우고 잘리는 거 부지기수에, 이직 안 되고, 요즘 대기업 못 간 애들이 대부분 은행 간다는 거 모르냐. 연수원에서 대기업 합격 발표 나면 후두두둑 퇴소한다.
└re: 은행 다니면서 부득이 사고 쳐서 퇴사하는 사람 제외하곤 정년 못 채우는 사람 거의 못 봤다

철수 저 마지막 리플은 무슨 소리야? 나도 그 짧은 사이에 잘린 사람들 봤는데.

존슨 근데 외환은행이면 은행 중에서는 어떤 수준이야?

철수 연봉이 제일 세대. 암튼 난 GS글로벌 갈 거 같다. 뭔가 이름이 멋있어. 대한항공은 직원들에 대한 처우가 구리기로 유명하니까 탈락!

공무원이 도피처가 아니라
꿈인 사람, 있어?

▶ Question

공무원을 도피처가 아니라 하고 싶어서 준비, 고민 중인 사람 있어? 솔직히 공무원 진짜 하고 싶었으면 진즉 시작했어야 되는데 관심이 아예 없었어. 근데 취업도 안 되고 하니까 여러 가지 알아봤는데 공무원 알아보다 보니까 내가 평소에 하고 싶었던 일을 하는 분야가 있는 거야. 나 여자고, 나이 먹을 만큼 먹었는데 그 업무 진짜 하고 싶어. 근데 공무원 준비하면 언제 될 거라는 기약도 없고. 부모님한테 또 빌붙어서 살 거라 너무 고민이다.

철수 관심 없었는데 알아보니까 평소에 하고 싶었던 게 있더라, 이게 말이 돼?

존슨 재밌는 직무가 뭐지? 근데 일단 공무원 되려면, 일단 공무원 시험 보고.

철수 7급, 9급.

존슨 거기서 애초에 직무 선택해서 지원하는 그런 건 없지?

철수　없지. 근데 그런 건 있지. 세무직 공무원. 법원, 검찰직 공무원. 나머지는 대부분 등수대로 하는 거 아냐? 지망에 따라서. 근데 사실 공무원이 정말 하고 싶어서 하는 건가? 나는 그게 좀 웃기다고 봐. 꿈이 공무원, 월급쟁이. 이건 아니잖아?

존슨　갑자기 그게 또 생각나네. 기사에서 본 건데, 요즘 중고등학생들 대상으로 꿈을 조사했더니 가장 위에 초등학교 교사랑 공무원. 콕 찝어서 7급 공무원이라고 대답하는 놈들도 분명 있었을 거야.

철수　그게 꿈이냐? 비록 우리가 이렇게 산다고 해도.

존슨　적어도 과학자, 경찰 막 이런 게 나와야지. 선생님은 좋아. 우리 때도 선생님 많았잖아. 근데 그냥 선생님도 아니고 초등학교 교사는 뭐냐?

철수　현실적인 장벽에 막혀서 공무원 준비하는 거 갖고 뭐라 그러는 게 아니야. 그건 그렇다 쳐. 근데 스스로 그 타협하는 현실을 인정 좀 하자고.

존슨　외교관, 검사. 이런 건 좋잖아. 뭐 어떤 게 높고 낮다는 말을 하고 싶은 게 아니라, 저런 건 자기가 하고 싶은 분야가 명확하게 있는 거잖아. 꿈이 있는 거잖아. 그런데 7급 공무원, 9급 공무원 이건 뭐야. 이게 꿈이라고? 아니지. 그냥 널널한 직장에서 배 뚜드리면서 걱정 없이 편안하게 사는 게 꿈이라고 해야지. 이런 목표도 좋아. 누구나 저런 생각하잖아? 근데 실상은 저러면서 공무원이 자기의 꿈이라느니, 이런 식으로 스스로 자신의 눈을 가릴 필요가 뭐 있냐는 거지. 너무 초라하잖아? 차라리 연예인, 아이돌 되겠다 그래, 시발.

철수 그러니까 차라리 뮤지션, 연기자 이러면 오히려 로망이 있어 보이

는데…… 너무 낭만이 없는 시대가 됐어. 암튼 지가 꿈이라는데 뭐.

잘 해봐라, 씨바.

혹시 대학교 교직원은 일하기 어때?

존슨   이것도 다 학교 나름이니까. 건대 교직원 친구 보니까 공채 방식으로 했나 보더라고. 일반 기업처럼 PT 보고 면접 보고.

└re: 우리학교는 공채할 때 인적성, PT면접, 영어면접, 토론면접, 최종면접 다 통과해야 되고 입사 후 4개월 간 시험 근무기간을 가지고 나서 4개월 후에 또 PT면접 후 통과되면 정규직 된다.

철수 그렇구만. 근데 여기 리플 중에 도화선이 하나 나왔어.

└re: 교직원이 얼마나 대단한 일 한다고 인적성에 PT면접에 영어면접에 토론면접에 최종면접까지 보냐. 졸라 웃긴다. 교직원 무시하는 게 아니라 진짜 저 정도 역량이 필요하냐?

존슨 나도 좀 비슷한 생각. 그 건대 교직원 친구 거기서 무슨 일 하느냐, 그냥 존내 단순 업무거든. 들어가서 3개월 동안 가위질하고 오려붙여서 게시판에다 붙이고 그런 거 했다더라고. 그래서 신문에도 그런 거 많이 나왔잖아. 지금 청년들이 안정적인 직장만 갈구하고 도전정신이 없어서 교직원 같은 데 엄청난 고스펙자들이 몰린다고.

철수 가위질 하는데 토익 900이 무슨 필요야?

존슨 분명히 대학 교직원도 대학 측에서 어떻게 하느냐에 따라서 생산적인 일을 많이 할 수 있을 거 같은데, 우리나라 현실에서는 그런 업무밖에 안 되는 거지. 맨날 소모적인 업무만 하는데 처우만 보고 지원자가 몰리니까 스펙 과잉적인 측면이 있지.

철수 2010년 어떤 대학 교직원은 경쟁률이 400대 1이었어. 지금도 뭐 대학 나름이겠지만 300대 1은 대부분 넘고. 야, 이 리플 명문이다.

└re: 진짜 별 볼 일 없는 일하는데 무슨 애플 CEO 뽑듯 뽑네. 씨바.

존슨 (웃음) 이거 니가 쓴 거지?

철수 어. (웃음)

존슨 너는 무슨 불쏘시개냐. 왜 이렇게 공격적이야?

철수 아. 쓴 거 지워야겠다. 근데 이 밑에 리플 봐.

└re: 교직원이 무슨 일 하는지 진짜 세세하게 다 알고 별 볼 일 없는 일 한다고 말하는 거야? 우리 아버지는 쉰 넘으셨는데 정년까지 버티시려고 15년 이상 계속 학과 바꿔가면서 학교 다니시면서 공부하는데.

철수 그치. 뭐 이런 것도 있을 수 있지.

존슨 학교마다 다르고, 부서마다 다를 테니까.

철수 근데 경쟁률이나 스펙이 좀 터무니없긴 하잖아. 무슨 시장 개척하고 그런 일 하는 것도 아니고.

존슨 면접이나 전형 과정 이런 게 좀 그렇지. 전형 자체가 무조건 터무니없다기보다는 거기 지원하는 고스펙자들도 좀…… 당연히 뽑는 입장에서는 잘난 애들 뽑으려고 하는 거겠지.

└re: 그럼 관련된 전공시험 같은 걸로 관련자를 뽑으면 되잖아. 이러다 무슨 경쟁률 세다는 이유로 팔굽혀펴기, 턱걸이도 시키겠네. 영어 평생 쓸 필요도 없는 서무팀이나 이런 애들 뽑을 때 토익 고득점 보는 거 보면.

철수 솔직히 나도 같은 생각이야. 국제교류팀 같은 부서에서야 몰라도 입학처 이런 데서 토익 만점이 무슨 소용이야? 해당 부서에 맞는 역량을 평가해서 뽑아야 되는 거잖아.

존슨 애초에 기형적인 거는, 큰 역량을 필요로 하지 않는 일을 하면서 이렇게 처우가 너무 좋으니까 그게 기형적인 거 아냐?

철수 애초에 그 시작이 기형적이다?

존슨 그렇지. 그 교직원 친구가 그러는데 사학연금이라는 게 그렇게 엄청나대. 그게 공무원 연금보다 훨씬 좋다고. 그러니까 고등학교 교사하다가 정년퇴임하면 한 달에 300만 원 넘게 나온다잖아. 그러면 신입사원 초봉보다 많이 나오는 건데, 그게 매년 나오는 거잖아.

철수 진짜?

존슨 어. 그리고 대학 총장을 뽑을 때, 교수들뿐만이 아니라 교직원들도 투표를 해서 총장을 뽑는 곳이 대부분이라, 아예 총장 후보들이 그런 노골적인 공약을 한대. '내가 총장이 되면 전 교직원들의 기본 연봉을 천만 원 인상하겠다.' 이런 얘기까지.

철수 아, 진짜로?

존슨 암튼 교직원 얘기는 여기까지 하자. 배만 아프니까.

철수 그래. 교직원 얘기를 해서 뭐하겠냐. 우리가 교직원도 아닌데.

존슨 나 썼었잖아. 서울대학교 교직원.

철수 안 됐잖아.

존슨 오케이. 다음.

빡세다는 제약영업,
정말 그런 거야?

▶ Question

외국계 제약회사 중 누가 들어도 알만한 제일 큰 회사에서 면접 볼 기회가 있을 거 같은데, 지금은 회사 다니고 있고. 제약회사는 영업 쪽이고 내가 지금 하는 일은 상품개발, 발굴업무, 제휴 그런 쪽. 일단 합격은 아니지만 면접 기회가 있어서. 제약영업 하는 사람들 진짜 뭐 엄청 힘들다고 5년 암흑기, 10년 암흑기라고 하는데. 이게 무슨 말이야? 얼마나 힘든 거야?

철수 리플들이 많아. 제약영업 하는 사람들이 은근 많은가 봐.

ㄴre: 일은 힘들지만 돈은 잘 버는 걸로 알고 있음. 최근에 뉴스 보면 의사들이 영업사원 못 들어오게 한다고 결의. 리베이트 관련해서. 점점 힘들어질 듯.

ㄴre: 내 친구 제약회사 영업하는데 접대 졸라 하더라. 일주일에 3일 이상은 저녁 6시에 출근해서 새벽에야 들어옴.

> └re: 난 내 주변에 제약 쪽 졸라 많은데 21련만 일해봐도 졸라 한숨이 푹푹 쉬어지면서 통장잔고가 얼만지도 모를 지경이 옴. 참고로 내 주변 지인들 국내 5대 제약회사 다니고 경력도 짧게는 21년, 길게는 10년 이상들 많은데. 진짜 죽지 못해 사는 사람들 많음.

존슨   내가 들어 본 제약영업도 거의 다 저렇다고 그러던데.

철수   근데 외국계 회사는 국내사보다는 훨씬 낫대. 오리지널 약이 많으니까. 여기 밑에는 현직자가 리플 달았네.

> └re: 여기 댓글 단 사람 중 현업은 아무도 없는 것 같은데. 나 제약영업 10년차 여자야. 국내사 거쳐서 외국계에서 일하고 있고. 급여, 복지, 일의 만족도 다 높다. 메이저 외제사 영업 스펙 너들이 생각하는 거보다 높다. 20~30프로는 약사들. 영업직, 외제사 직원들 논문도 열심히 공부하고 근무 환경도 좋아. 물론 작년부터 시행된 약가 인하 등의 이슈로 구조조정도 하고 힘든 부분도 있지만 난 10년째 재밌게 일하고 있고. 돈도 많이 벌었고 좋은 교수님들도 만났고. 모르면서 다들 말 쉽게 하는구나.

존슨   회사 바이 회사인가 보네.

철수   어느 분야나 다 그렇지. 근데 이 밑에, 국내회사 다니는 사람이 리플 또 달았어.

> └re: 입사 4년차. 외제사도 아니고 메이저도 아니지만 출근은 보통 집에서 7시에 나오고. 회사까지는 차로 한 30분 걸림. 퇴근은 보통 여섯 시 반쯤에 하고,

철수 세후가 6천이면 뭐 죽이네.

존슨 여기 또 한 명 더 있어.

존슨 (웃음) 다시 온 건 또 뭐야.

철수 근데 뭐, 회사 업무라는 일들이 다 그렇지 않냐? 매너리즘 안 오는 게 이상하지.

존슨 근데 진짜 영업은 그런 게 더 심한 거 같애. 물론 영업하려고 많은 사람들 만나게 되면 이게 다 자산이고, 이게 다 실력이 쌓이는 거다, 라고 말하는 사람들도 있는데, 나는 '그게 무슨??!!' 싶더라고. 그게 내 자신이 발전하는 건가? 그리고 거기서 얻은 인간관계라고 해봤자 이해타산적인 관계잖아. 내가 재직해 있는 회사를 대표하고 있기 때문에 내가 그 사람한테 의미가 있는 건데, 나중에 회사라도 나와 봐. 그 사람이 나한테 무슨 도움을 주겠어? 그 관계가 계속 지속되겠어?

철수   너 이상하게 영업에 대해 잘 아네?

존슨   …….

전문대 나와서
생산직 들어간 친구가 부러워

▶ Question

전문대 나와서 대기업 생산직 들어간 친구랑 어제 술 먹었는데…… 중학교 때부터 친했던 친구고, 꽤 괜찮은 전문대 기계설계과 나와서 울산에 있는 모 대기업 공단 생산직으로 들어갔고. 현대 계열은 아니고. 어쨌든 그 친구가 작년에 정산을 해보니 세후로 이것저것 다 합쳐서 3천500 정도 받았대. 그러니까 세전 으로 따지면 4천 넘게 받은 거지. 교대라서 가끔 밤샘 근무할 때도 있긴 한데 공장 기계설비 관리감독 하는 거라서 특별히 어려울 것도 별로 없고, 그 친구 이번 주에는 차도 뽑고, 내년에 여자친구랑 결혼도 한다는데…….

존슨 글 올린 애는 백수래. 4년제 나온 26살 백수지. 그러니까 친구는 전문대 나와서 바로 회사 들어간 거니까 지금 년차도 좀 있을 거고. 회사도 정년 보장되는 분위기에 11년에서 12년차 된 직원들은 연봉이 7, 8천 넘게 찍힌다네.

철수 와, 장난 아니네.

존슨 친구는 지금 돈 걱정 안 하고 살고 있다는 거지. 그래서 집에 와서 든 생각이, 연봉이 인생의 전부는 아니겠지만 4년제 명문대 졸업해서 힘들게 서울에서 취직해도 연봉 4천 받기 힘든데 친구는 울산 사니까 집값 걱정도 덜 하고 졸라 행복해 보이더라, 이런 거지.

철수 충분히 그런 생각할 수 있지. 요는 그거잖아. 전문대 간 친구보다 더 오래 공부하고, 더 열심히 공부하고, 그렇게 뼈 빠지게 공부해서 고작 가는 회사가 좋은 게 아니라는 얘기잖아. 글쓴이가 느끼는 불만이나 아쉬움은.

존슨 나도 이해할 수 있을 거 같애. 단순한 일 하면서 업무 외의 생활에서 자기 인생을 갖는 것도 좋지.

철수 그래. 솔직히 공무원, 교직원이 꿈이라는 애들이 원하는 게 저런 거 아냐? 오히려 대기업 안에 있는 사람보다 자기 삶에서 보람을 찾는 사람이 나을 수 있지.

존슨 근데 이런 리플이 또 있네.

> └re: 수많은 고졸, 초대졸 중에서 일부만 그런 거다. 그런 놈들도 거의 우리가 취업 빡 터지게 하듯이 그런 경쟁률을 뚫고 들어간 거다.

철수 그래, 맞는 말이네. 울산에서 현대 다니는 애들은 항상 현대 잠바를 입고 다닌대. 그거 입고 시내 나가면 다 쳐다본대. 그게 벼슬이래.

존슨 직장 선택할 때 연봉, 정년 이 두 가지를 중요하게 생각하잖아. 생산직에서 이 두 개 모두 보장이 되면 뭐 부러워하는 게 이해가 가지. 이런 리플도 있네.

철수 나는 그래서 제조업이 진짜 중요한 거 같아. 금융은 뭐…… 진짜 극
소수의 인원으로 모든 게 다 가능한 게 금융이잖아. 점점 갈수록 노
동력의 수요가 줄어들고 그러니까 불황으로 갈 수밖에 없어. 구매
력이 떨어지니까. 정말 중요한 거야. 씨바 일자리 창출을 해야지, 제
조업으로.

존슨 진짜 이 글 쓴 친구, 취업해서 야근 빡세게 하면서 살다 보면 진짜
X같다는 생각 많이 하겠다. 자기 친구랑 더 비교하면서.

철수 자기는 공부할 때 쟤는 놀았는데, 자기는 쎄가 빠지게 일하고 푼 돈
버네, 그런 생각?

존슨 그렇지. 그러니까 공부라는 게 그런 거 같애. 자기가 좋아서 해야
하는 게 공부야. 자기가 뭘 하고 싶은지, 그걸 찾기 위해서 공부하
는 거지. 근데 결국 못 찾잖아. 시발.

직장 그만두고 재취업하자니
서러울 일만 늘고

▶ Question

다니던 직장을 때려치우고 나와서 이제 구직활동 하는데, 기간이 길어지니 서러울 일이 많이 생기네요. 오래 만난 남친도 직장 다닐 때랑 많이 차이 나고. 취업 준비하다 가끔 연락하면 남친은 시간 많으냐고, 준비 안 하느냐고 비아냥거리더라고요. 친구들도 예전 같지 않고. 집에서도 눈치 보이고. 잘될 때랑 잘 안 될 때랑 주변이 사뭇 다르네요. 흑.

존슨　안타깝네.

철수　이거 공감 가네. 내가 쓴 글 같애.

존슨　너도 많이 후회하나 보구나?

철수　(웃음) 아니. 뭐 가고 싶은 기업 떨어질 때는 문득 생각이 나긴 하지. KT&G 이런 데 떨어질 때. 기왕 돈 벌거면 내가 하고 싶은 거 하면서 돈 버는 게 좋잖아.

존슨　거기서 뭐 하고픈데?

철수 　거기 상상마당. 거기 KT&G 거잖아.

존슨 　아.

철수 　근데 죽자고 떨어지니까. 어차피 아무 데나 가서 돈 벌 거 씨바 그
　　　 냥 다니던 데서 남들처럼 닥치고 돈이나 좀 벌걸, 뭐 그런 생각이
　　　 들 때도 있지.

존슨 　그래, 이게 참. 정말 거지 같은 게 가족 간에도 어쨌든 관계는 돈으
　　　 로 귀결되는 거 같애.

철수 　아무래도 그렇지.

존슨 　돈을 벌어 오느냐 마느냐. 그러니까 가족 관계나 친구간의 관계에
　　　 서 돈을 쥐고 있는 쪽이 어느 정도 갑의 위치를 점하고 있는 거 같
　　　 애. 이게 참…… 야, 이 리플 봐봐.

존슨 　너도 패배자로 보이는 거 같냐?

철수 　아니 뭐 나는 안 그러는데…… 남들이 그렇게 보겠지. (웃음)

존슨 　니 친척들도 뒤에서 그렇게 뭐라 한다며? (웃음)

철수 　그럴지도. (웃음) 내 경험담을 하나 이야기하자면. 지난주엔가 술
　　　 졸라 마시고 다음날 숙취 때문에 집에 계속 누워 있는데 갑자기 누
　　　 가 온 거지. 그, 내 친구 부모님들이. 나 막 추리닝에 머리 붕 떠 있
　　　 는데 '안녕하세요' 했더니, 나 보고 웃으면서 '어, 그래. 요새 고생

많지?' 이러는데…… 아 뭔가 졸라 불편한 거야. 그래서 아픈 머리를 이끌고 어디 가는 척 옷 입고 나왔지. 근데 나왔는데 갈 데가 없어. 숙취 때문에 죽기 직전인데 내가 운동 하러 가겠어, 어딜 가겠어? 그래서 씨바 공원에 앉아서…….

존슨 (웃음) 무슨 IMF 시절 실직된 가장도 아니고.

철수 어. 공원에 비둘기만 날아다니고 있고. 아…… 기분 X같더라고. 그때 '아 씨바, 괜히 회사에서 나왔나' 이런 생각이 좀 들었지.

존슨 이런 리플들도 있네.

└re: 그러게요. 재취업은 첫 취업이랑 또 다르니까요. 면접에서도 질문의 절반 이상이 전 직장 이야기.

존슨 재취업 준비하는 사람들은 이런 질문 답 많이 준비해 가야겠네. 분명히 예전 직장은 왜 관뒀느냐, 인간관계에서 뭐 그런 게 있었던 거 아니냐, 그런 질문이 있을 게 뻔하니까. 근데 이 작성자가 글 써놓은 거 보면, 좀 진짜 무섭다는 생각이 들긴 해.

철수 뭐가?

존슨 남친이 서서히 달라지더니 비아냥거린대잖아.

철수 근데 그건.

존슨 뭐, 자기가 그렇게 느끼는 걸 수도 있지만.

철수 어, 자격지심으로. 사실 아무도 신경 안 써, 솔직히.

존슨 그렇지 않을걸. 니네 엄마는 굉장히 신경 쓰실 거야. (웃음)

철수　뭔 소리야. (웃음) 암튼. 취업이 인생에 있어 그렇게 대단한 것도 아니고…… 사실 그렇게 부러워할 만한 것도 아니야. 물론 해야 하는 거지만.

존슨　아니, 꼭 해야 한다는 편견을 버려.

철수　아니, 뭐 그러니까 나는 취업은 희망이나 꿈이라기보다는 그냥 의무 같은 거라고 생각해. 군대 가는 거랑 같은 거라고. 취업 그 자체를 큰 성취나 성공으로 생각하지는 않는다는 거야. 군대 가야 되는 것처럼 어쨌든 해야 되는 거. 근데 사실 취업이 군대보다 힘들지. 취업 2년 안에 끝난다는 보장도 없고, 마지막에 왕고되는 것도 아니고.

존슨　지금의 우리 사회에서 거의 어쩔 수 없다고 봐야지.

철수   근데 하고 싶어서 하는 게 아니라 해야 되는 거를 내가 아닌 남이 먼저 했을 때, 그렇게까지 부러움을 느끼고 자격지심 느끼고 이거는 아니라고 봐. 자기가 하고 싶은 거를 남이 했다, 이러면 정말 부럽고 배가 아플 수도 있는데. 암튼, 그러니까 취업은 하고 싶은 게 아니라 해야 되는 거지. 근데 강박이 너무 심하다 보니까 그걸 자기가 하고 싶은 거라고 뭔가 잘못 인지하고 있다는 생각이 들어.

취업도, 창업도 안 되면
우리 정치로 갑시다!

▶ Question

우리 창업도 안 되면 정치로 갑시다!!!!!!!!!! 전국 취준생을 모아서 20대를 위한 정당을 만듭시다. 대학 등록금 현실화. 청년 실업 문제 해결. 청년 창업 활성화. 당 이름, 아프니까 청춘이당!!!! 우리가 뜻을 모아서 이룰 수 있습니다. 제가 아프니까!! 선창하면 여러분들은 청춘이당!!을 외쳐주세요!!!!

철수 이건 또 뭔 소리야? (웃음)

존슨 굉장히 선동적인데? 운동권에서 일하나 봐. (웃음) 근데, 난 솔직히 이런 생각을 해본 적 있어. 손수조, 이준석 그런 애들 정치에 나온 걸 보면서 진짜 막 20대들을 위한 정당. 지금 20대들이 굉장히 절망적인 상황이잖아. 뭐, IMF 세대랑도 비교를 하고 그러는데, 지금은 정말 샌드위치 세대라고 그러더라고. 앞으로 받을 연금 같은 건 점점 토막 나는데, 부양 부담은 점점 늘어나고. 유럽 쪽을 보더라도 20, 30대들이 들고 일어나잖아. 우리나라도 진짜 뭔가 각성이 있어야지 않을까, 그런 생각이 들어.

철수   아니 그런 게 이미 있어. 너 청년유니온, 알아?

존슨   청년유니온?

철수   젊은 애들이 만든 단체인데. 노동조합처럼 어떤 인가를 부여받으려고 노동청이나 여러 정부 부처에 계속 내고 있는데 인정받지 못한다고 하더라고. 이런 실정에서 우리가 뭘 할 수 있겠어. 다 토익점수 올리느라 바쁜 놈들이.

존슨   홍보가 잘 안 되고 있는 건가?

철수   인식 자체가 성립이 안 되어 있어. 졸라 취업한다고 바쁜 거야. 구조적인 문제지. 근데 우리가 주지해야 될 게 그 덴마크인지 스웨덴인지 북유럽 같은 데 있잖아. 무슨 청소년부 비스무레한 게 있대. 거기 장관은 16, 17살짜리 그냥 진짜 청소년이야. 그 내각을 구성하고 똑같은 발언권이 있다더만. 그 청소년한테.

존슨   우리도 그런 게 좀 있어야 되는데.

철수   근데 걔네들한테 그건 당연한 거야. 학생들한테 권리가 있고, 학생들의 권리를 지켜줄 부처가 마련되고, 그 부처의 장은 그중의 한 명이다, 이런 게 인식이 돼 있는 거지. 굉장히 선진적이야.

존슨   우리도 저런 거 하나 있어서 좀 뒤집어야 돼. 지난 대선에서 안철수에 대한 지지표의 상당수가 구체제에 대한 불신이잖아. 기존 체제에 대한 불신. 어떤 뭐랄까 탈출구가 있어야 하는데. 뭔가 하나쯤 새로운 게 나와서 확 다 뒤집었으면 좋겠다, 시발.

회사원들아,
너희는 행복하니?

존슨 나도 이런 얘기 많이 했지. 회사 다니다 보면 이런 생각 당연히 들지. 너도 안 그러냐?

철수 그치.

존슨 회사원 연봉이 아무리 높아봤댔자 그거 20년? 안 쓰고 모으는 것도 아니잖아. 모아도 집 한 채 못 사는데.

철수 결혼하면 한 번에 쑥 빠지고. 애 낳으면 또 쑥 빠지고.

존슨 어. 진짜 왜 이런 모습의 인생이 정형화되고 당연하게 된 거지? 왜 집 한 채 사기가 이렇게 힘든 거냐고?

철수　존나 X같애.

존슨　내가 기사를 하나 봤는데. 핀란드에서 노키아가 무너졌잖아. 근데 노키아가 무너진 게 핀란드 최대의 축복이라고 그러더라고.

철수　진짜? 왜?

존슨　지금 삼성이 대한민국을 쥐고 있듯이, 노키아가 나라경제를 완전 좌지우지했는데, 무너지니까 그걸 메우려고 낮은 데서 올라오는 거야. 노키아가 무너지면서 청년들한테 창업을 장려하는 분위기가 늘어나고. 그런 걸 국가적인 차원에서 지원해주다 보니까 나온 게 앵그리 버드고. 그런 중소기업들이 계속 나와주니까 오히려 나라 경제가 더 건전해졌다, 그런 얘기지.

철수　근데 노키아도 뭐 좋은 회사였잖아. 노사정 타협을 해서 니네가 밀어주면, 우린 니네가 원하는 거 이상을 해주고, 안 자르고 돈은 더 많이 주고, 세금도 더 많이 내겠다. 그렇게 타협을 해서 세금 많이 내고, 고용 많이 해주고.

존슨　그래. 노키아가 나쁜 기업이라는 게 아니라, 아무리 좋은 기업이라도 한쪽에 나라 경제가 편중돼 있으면 위험도가 높아지는 거니까.

철수　근데 핀란드는 어떻게 잘 극복을 하네.

존슨　정부가 잘하는 거 같아.

철수　그러니까. 그게 진짜 차이가 있는 거 같애.

존슨　근데 갑자기 핀란드 얘기가 왜 나온 거냐?

철수　글쎄. 대기업에만 부가 편중돼 있는 구조의 위험성에 대한 얘기를 하고 싶었던 게 아닐까?

존슨　지금 나한테 물어보는 거야?

철수　…….

존슨　이 리플 봐봐.

> └re: 너 같은 얘기하시던 예전 과장님, 회사에 목매여 사느니 닭을 튀기겠다
> 고. 너들도 회사에서는 49%, 퇴근 후 51%를 쓰라고 하시며 멋지게 퇴사하
> 셨고…… 1년 후 다른 팀에 경력직으로 다시 들어오셨어.

철수　요런 사례도 있네. 아 참…….

존슨　아 진짜 저건 가슴 아프다. 진짜.

철수　이 밑에 리플. 이런 생각은 어떠냐?

> └re: 잘 생각해봐. 밑천이 없는데 할 수 있는 건 없잖아. 꿈을 위해서라도 기반
> 을 벌어놔야 뭐든 할 수 있지 않겠냐. 나도 회사 다니다가 자영업 하지
> 만 정말 회사 다니는 것보다 10배는 더 힘들어. 그 회사 안에서 더 노력해
> 서 승진하는 것도 좋을 수 있잖아. 요즘 같은 불경기에 함부로 사업에 손대면
> 망할 수 있어. 본전이면 다행인 거야. 꼭 장사가 아니라도 말이지.

철수　답은 없어. 우리가 아직 젊어서 그런 생각을 하는지는 모르겠는데,
그 〈뻐꾸기 둥지 위로 날아간 새〉에서 잭 니콜슨이 감옥에서 하수
구 그거 옮기는데 잘 못해. 그래서 애들이 거기서 졸라 무시하고 비

웃고 그러잖아, 교도관들도. 근데 잭 니콜슨이 그렇게 말해. "됐어. 적어도 나는 시도는 했잖아. 최소한 노력은 했다고." 근데 진짜 이렇게 회사에 목매여서 아무것도 못하고, 나중에 죽을 때 진짜 그렇게 아무것도 없이 죽는 거야. 아직 젊잖아. '회사 다니면서 밑천을 번다?' 밑천을 언제 버는데? 결혼하면 쏙 빠지는데. 그게 사업할 밑천이야? 결혼할 밑천이지. 이런 식으로 소극적으로 생각하는 건 나는 좀…… 뭐 물론 다 자기 생각이 있겠지만. 아, 없는 놈들이 대부분인가.

존슨　뭐, 창업하는 게 좋고 회사원이 안 좋다, 이런 건 아니지만. 회사생활에 매몰돼 사는 사람들 보면 좀 안쓰럽기도 하고. 또 한편으로는 부럽기도 하고, 곁에서 보기엔 그래도 자기는 행복할 수도 있으니까…….

철수　음악을 좋아하던 애가 Mnet 들어가서 PD로 음악 프로그램 만들고 그런 건 최고지. 근데 그냥 취업 시즌 다가와서 여기저기 영업, 경영지원 등등 막무가내로 써서 결국 회사 들어가서는 여기가 최고다, 그러는 건 좀 안타깝지.

존슨　뭐 사람들 다 나름의 삶이 있으니까 비난할 건 아니고. 근데 학창시절 조선시대 선비들한테서 배워야 할 사상, 그런 거 나오잖아. 나는 거기서 안분지족, 그게 제일 X같애.

철수　X같지.

존슨　시발, 니가 지금 있는 현실에 그냥 만족하고 잡음내지 마라, 이런 거 아냐.

철수 사소한 거에 행복해하면서 살아야 되는 건가. 뭔가 씁쓸해. 직장인 들이 리플 단 거 보면 진짜……

존슨 그러니까 저렇게 사는 게 무얼 위해서 사는 거냐? 이 사회에서 요 구하는 가치가 난 좀 그래. 무조건 긍정하라느니. 나는 제일 X같은 광고가, 그 현대그룹 광고. 에스컬레이터 고장 나서 옆에 있는 108 계단을 올라가야 하는데 갑자기 씩 웃으면서 뛰어 올라가잖아. 그 러고선 '나는 출근길의 계단도 운동길로 바꿉니다. 내 이름은 긍정 입니다.' 아니 그걸 뭘 웃으면서 뛰어 올라가고 있어? 역무소에 전 화해서 에스컬레이터 고장 났으니 빨리 고쳐달라고 말해야지. 그 렇게 행복하다면서 계단 뛰어 올라갈 거면 에스컬레이터는 뭐하러 만들어놨냐? 〈뉴스룸〉이라는 미드 오프닝에 보면 그런 말이 나와. '문제를 해결하는 가장 첫 번째 방법은 문제가 있다는 걸 인식하는 거다.'

철수 야, 이런 기사도 있어. '2000년 이후 기업 소득증가율, 가계소득 증 가율의 7배.'

존슨 그래, 그거 짚고 넘어가보자.

철수 '경제성장 대비 가계소득 증가 OECD 최하위.' 그러니까 2000년 대 들어서 기업은 엄청나게 배가 부르고.

존슨 이런 것 좀 크게 떠들어줘야 돼. 기사 한 번 딱 나오고 그냥 말아버 리니까. 봐봐, 지난해 우리나라 국민소득이 사상 최대를 기록. 1인 당 명목 국민소득은 10년 동안 2배 가까이 늘었고. 그러면 10년 전 보다 우리가 2배 더 잘살고 있냐? 그렇지 않은 게 대부분이잖아, 체

감하는 게. 시발 기업의 소득증가율은 6배나 뛰었지만 가계의 소득 증가율은 절반으로 줄었다. 그러니까 기업에서 막 벌어들여서 안 푸는 거 아냐?

철수 적립금 명목으로 투자도 안 하고, 고용도 안 늘리고, 씨바. 그렇게 보신주의적으로 운영을 하니까 내가 아직도 취업을 못하는 거 아냐? 이 X새끼들아!

존슨 너 그렇게 취업하고 싶어?

철수 어. 일단 뭐……. (웃음)

존슨 자, 암튼 기사 내용 계속 얘기하자면, 이런 예시가 나와 있어. 탄탄한 대기업에 18년 차 과장급. 18년 동안 매일 똑같은 시간에 일어나서 넥타이 매고 출근. 중학생, 초등학생 아들딸 둔 전형적인 샐러리맨임. 월 평균소득은 500만 원가량. 비슷한 나이의 평균인 460만 원 정도보다 많은 거니까 평균 이상의 수입이라고 볼 수 있음. 근데 한 달 동안 쓰는 지출내역 정리해보면, 일주일에 한 번 술자리 및 가족 외식 포함한 식음료비 60만 원. 아이 학원비와 보험료에 130만 원. 주택, 자동차 유지비와 통신비 등 100만 원. 은행 대출 갚는 데 85만 원. 부모님 용돈과 경조사비 50만 원. 이렇게 다 빼면 실제 저축할 수 있는 돈은 많아야 50만 원. 현실이 이런데, 어떻게 노후대비를 하겠냐?

철수 500만 원에서 기껏해야 50만 원 저축하는 거야?

존슨 그렇지. 야, 이게 진짜 무슨…… 이런 상황을 알면서 왜 계속 이렇게 있을까?

철수 　방법이 없으니까.

존슨 　나라가 사람들한테 빚을 지우고 있는 거야. 이 시스템에서 못 빠져
　　　 나가도록.

철수 　정치권도 큰 욕심을 안 내. 그냥 이렇게 안정적으로 가는 거지. 기
　　　 득권 유지하면서. 좀 똘끼 있는 놈들이 나서서 새로운 걸 좀 내고
　　　 그래야 되는데.

존슨 　튀어나온 못이 정 맞는다고 그러잖아. 이게 이 사회의 적나라한 현
　　　 실인 거야. 조만간 나도 정 좀 맞을 것 같애.

철수 　…….

존슨 　우리나라 사람들 정말 똑똑하잖아. 머리 좋잖아. 그렇게 똑똑한 애
　　　 들 공부 존내 시켜가지고 다 취업하는 기계로 만들어놓으니까, 현

패러다임 안에서의 소극적인 발전밖에 꾀할 수 없어. 영화 〈소셜 네트워크〉 보면, 하버드에서는 창업만 생각한다며. 그런 걸 좀 장려해주는 분위기가 있어야지. 아씨, 나 너무 흥분했나.

철수 어쨌든 문제야.

존슨 암튼 이렇게 취업된다고 끝이 아니라는 걸 알아두고. 취업하기 전에 자기 나름의 목표를 세워놓고. 생각할 시간 많으니까 자기가 좋아하는 거 찾아보고. 뭐 이렇게 좀 시간을 보냈으면 좋겠어.

직장인 vs 취준생,
누가 더 피로할까?

▶ Question

직장인 대 취준생. 누가 더 스트레스 많이 받고 피로할까?

철수   이거 궁금해지네. 근데 피로도 면에서는 당연히 직장인이지. 취준생은 일은 안 하잖아. 다만 스트레스. 직장인? 취준생? 넌 뭐야?

존슨   글쎄. 근데 금전적인 불안에서 오는 스트레스까지 치면 비슷하지 않을까? 돈이 없으니까 불안하고 그런 거 때문에 스트레스가 오긴 하는데, 편한 점도 있지. 몇 시에 일어나도 상관없고.

철수   맞아. 목욕탕 점심 때 갔다 와도 되고. 낮술 먹어도 되고.

존슨   직장인은 아침에 딱 일어나면서부터 스트레스에 직면하는 거잖아. 그 알람소리.

철수   아 X같애.

존슨   스트레스 종류의 차이는 있지만 뭐가 더 낫다, 좋다 단정하긴 좀 힘든 듯.

철수 인생이 X같은데 뭐가 낫겠냐. 암튼 밑에 리플들을 보면.

> └re: 아무래도 취업준비생 쪽이 더하겠지? 다들 힘내고 좋은 데 들어가자.
> └re: 동일 스트레스라 하더라도 금전적인 면에서 뭐 직장인이 훨씬 더 좋은 게 아닌가.
> └re: 난 직장인 아침 7시 50분부터 저녁 7시 30분까지, 그뿐 아니라 주말에 나와서 일하는 스트레스가 훨씬 더 심했던 거 같다. 당연히 직장인이다. 직장인에 한 표.
> └re: 취준생은 아직 모르는 영역에 대한 스트레스가 없어서 오직 취업해야 된다는 스트레스고, 직장인은 먹고 살기 위해서 오는 진짜 스트레스라 영역이 아예 다를 듯.

존슨 그래. 직장을 가지게 되면 스트레스로 느껴지는 기간이 훨씬 길어지지.

철수 그렇지.

존슨 그러니까 자기가 직장에서 일해야 할 20, 30년이 스트레스가 되는 거니까. 근데 취준생 때는 그거잖아. 취직할 때까지만 스트레스니까. 어쨌든 금방 끝날 거 같다는 느낌이 있는데. 이거는 내 생각인데 여자친구가 없으면 취준생이 나은 거 같애.

철수 왜? 나 여자친구 있는데?

존슨 그래서 X같잖아.

철수 아니, 난 좋은데? (웃음)

존슨 여자친구 있으면 금전적으로 좀 필요하잖아. 같이 좀 놀고 그러려면. 그런 거에서 봤을 때 취준생이면 좀 힘들지 싶은데 혼자 있으면 취준생만 한 게 없어. (웃음)

철수 이런 리플도 있어.

Lre: 취준생 때의 막막함이 직장 갖고 나면 해소될 줄 알았는데, 막막함은 여전하고, 신경 쓸 일은 배가 되고, 시간은 줄어드네.

철수 이거 존나 슬프다. 근데 대부분 직장인이 더 많아. 직장인들이 좀 더 많이 투표를 했나 봐.

존슨 다 자기가 처한 입장이 더 힘들다고 투표했을 거야.

철수 근데 여기 취준생의 마지막 리플이 뭐냐면.

Lre: 직장인이 스트레스가 더 크다면 인생 너무 슬픈 거 아냐? 우린 대체 뭘 위해 사는가.

철수 받아들여야지. 취업하면 꽃밭이 펼쳐질 거 같냐고. 그런 생각을 버려야 된다니까. 정작 자기가 어디서 일하고 싶은지도 생각해놓지 않은 사람이 취업 자체만 맹목적으로 매달리면서, 애먼 일을 한다고 행복해질 거 같아? 그건 너무 씨바 인생 허투루 보는 거 아냐? 내가 지금 취준생이기도 하고, 직장인도 해봤잖아. 계속 떨어지고 약간 불안한 건 있는데, 근데 뭔가 그런 환상이 있어. 그러니까 취업이 아니더라도 뭔가…….

존슨 뭔가 새로운 걸 할 수 있겠다는 그런 거?

철수 그렇지. 자신감이나 그런 거.

존슨 그런 자그마한 희망이라도 보이는데 일단 직장에 들어가면 그런 게 좀 좁아지지.

철수 어. 진짜 직장 들어가면 그 전에 생각했던 거보다 힘들 수 있지. 그러니까 나는 개인적으로는 직장인이 더 힘들다에 한 표.

존슨 나도. 이거 뭔가 슬프네.

불행히도 삶은 계속되었다 _ 불나방스타쏘세지클럽

뜨겁게 타오르다 말고 꺼져버린 나의 젊은 날은
버려진 연탄재처럼 누군가의 발에 걷어차여 부서지나
이제는 다시 일어날 패기도 용기도 잃어버린 지 오래
사랑은 떠나고 돈도 희망도 잃어버렸다
…

갈 땐 가더라도 너희에게 당한 수모만큼은 되돌려주리라
그동안 참느라고 욕봤다 나의 비굴한 인생아
…

시린 겨울이 가면 봄날이 찾아오듯 내 인생에 해뜰 날을 기대했건만
나를 가만히 두지 않는 현실의 올가미는 목을 졸라 살아도 사는 게 아니다
…

사무실 옥상에서 바라본 서울은 너무나도 아름다웠어
고마웠던 사람들을 생각하니 눈가엔 눈물이 흐르네
나 이제 더이상 세상에 미련은 없다
…

그 후로 불행히도 삶은 계속되었다
그 후로 불행히도 삶은 계속……

존슨 21세기 최고의 노래 중 하나인 불나방스타쏘세지클럽의 〈불행히도 삶은 계속 되었다〉.

철수 그러니까 이 노래로 그…… 취준생들한테 전해주고자 하는 메시지는?

존슨 뭐 지금도 그렇지만 당신들의 불행한 삶은 불행히도 계속 될 거라는…….

철수 취업에 성공하더라도?

존슨 그렇지. 그걸 인식해야 돼. 안 그러면은 아무런 기회도 가질 수 없게 되지. 지금 내 삶도 불행히 계속되고…… 이 노래가 말하고 있잖아.

철수 내 인생에 해뜰 날을 기대했건만…… 그렇지. 나를 가만히 두지 않는 현실의 올가미들…… 살아도 이게 사는 거냐.

존슨 좋은 노래야. 여러분들의 빛나는 앞날에 이보다 더 어울리는 노래는 없을 거예요.

철수 (웃음) 암튼 취준생들의 사기를 꺾으려는 의도는 없고. 그치? 그런 의도는 아니잖아?

존슨 제가 말하자고 한 뜻은 이런 겁니다.

철수 모두 다 잘될 거다. 이거잖아?

존슨 그렇지. 모두가 불행한 삶을 이어가고 있지만 그건 계속 되는 거야.

철수 …….

존슨 …….

철수 야 이 시키야. 그러니까 암튼 다 잘될 거라는 그런 의미로 받아들이시고, 다 좋은 결과 있을 겁니다.

존슨 그래. 삶은 계속된다는 메시지를 전하고 싶었던 거야.

철수 그래 맞아. 어쨌든 계속되는 게 중요한 거야. 삶이.

Part **4**

철수와 존슨의
존철살인

취업, 하면 서민이고
못하면 천민

철수 내가 페이스북에 이런 질문을 던져봤어. '취준생들에게 명절이란?'

존슨 명절을 맞는 취준생들의 자세, 이런 거? (웃음)

철수 어. 명절에도 마음 편히 떡국을 먹을 수 없는 게 사실이니까. (웃음)
과연 우리가 어떻게 대처를 해야 되나. 내가 보기를 몇 개 줬지.

① 집에서 만두나 빚는다.
② 되도록 나가 있는다.
③ 집에 있되, 방구석에 쳐박혀 있는다.
④ 마치 직장인인양 당당하게 행동한다.
⑤ 운다.

너는 어떤 방식으로 했냐?

존슨 나는 그냥 친척 집에 안 갔어. 뭐 안 가면 그만이지.

철수 나는 갔는데. 그냥 자연스럽게 행동하려고 그랬어.

존슨 너는 자연스러웠지만 그 친척들은 굉장히 부자연스러웠을 거야. (웃음)

철수　(웃음) 아니야. 내가 조카들 세뱃돈도 주고 그랬어. 옛날에……

존슨　너 때문에 대화 주제를…… '어, 철수 요새 무슨 일…… 아…… 아! 그래' 이렇게 급히. (웃음)

철수　어 맞아. (웃음) 아니 대체 왜 이렇게 취업이 안 되는 거야?

존슨　그러니까 중소기업 가라고, 이 색기야.

철수　아, 중소기업도 졸라 쓰고 있다고.

존슨　사실 취준생들이 말이야, 너무 대기업만 막. 그러니까 중소기업 쪽에선 오히려 사람을 못 구해서 난리라 그러고. 이런 사회구조부터 바뀌지 않는 이상은…… 이게 모르겠다.

철수　맞지. 대기업 간다고 부자로 사는 것도 아니야. 대기업 가도 씨바 거의 뭐 50% 이상 70% 이상이 빚인데.

존슨　그러니까 그런 말이 있다고 그랬잖아. 취업하면 서민이고 못하면 천민.

철수　와, 졸라 명언이네.

존슨　기가 막히지?

철수　한 번 더 해봐. 빨리, 빨리빨리!

존슨　취업하면 서민. 취업 못하면 천민. 그러니까 어차피 그 위의 계급은 바뀌지 않아. 그러니까 사업을 하자. 시발.

철수　결국은 개싸움이라 이거구만.

존슨　그렇지. 어차피 아래 싸움이야. 아래에서만 진흙탕 싸움하고 있는 거야.

철수　졸라 슬프다, 씨바.

부모가 원하는
자식의 직업?

철수 야, 이 신문기사에 대해 얘기 좀 해보자.

존슨 한국, 미국, 핀란드, 이스라엘 학부모 설문 조사에 대한 거네. 질문이 '아이가 커서 가졌으면 하는 직업을 꼽는다면?' 흥미롭네.

철수 한국은 1위가 전문직. 그러니까 의사, 법조인. 2위가 교사, 3위가 연구원, 4위가 공무원!

존슨 뭐 예상을 빗나가지가 않는구만. 또 공무원에, 교사에⋯⋯.

철수 근데 미국이랑 다른 나라는 완전 달라. 미국은 1위가 '아이가 원하는 직업',

존슨 이야⋯⋯.

철수 2위는 의사. 다음 핀란드. 1위는 압도적으로 '아이가 원하는 직업', 2위는 사회나 자기계발에 도움 되는 일, 3위 치과의사. 그리고 마지막으로 이스라엘 1위는 '아이가 행복할 수 있는 직업', 2위 화학연구자.

존슨 와…… 저건 진짜 감동적이다.

철수 아주 뻥 찌지 않냐?

존슨 그러니까. 우리나라 부모들은 직업 이름 대기에 급급할 때, 얘네는 그냥 우리 생각의 범주를 벗어나버리네. 어쩌면 이게 당연한 건데. 왜 다른 인격체에게 자신이 원하는 모습을 투영시켜야 하는 거냐고. 근데 이스라엘 3위 이거, 인류의 행복과 관련된 직업. 이건 참…… 이스라엘이 인류의 행복을 말한다는 게……. (웃음)

철수 (웃음) 아무튼 우리나라는 정말 아직도 갈 길이 멀어. 그다음 질문은 이거야. '자기 자식이 취업이랑 창업 중 뭘 하길 원하느냐.'

존슨 결과는?

철수 한국은 압도적으로 취업. 취업이 한 60% 정도 되는 거 같애. 그런데 미국 부모는 창업을 원하는 게 70%. 핀란드는 '아이 뜻을 존중하겠다'가 80% 정도 되네. 이스라엘도 70%로 창업이 더 많고. 그런데 그다음 질문이 진짜 웃겨. '아이가 닮았으면 하는 인물이 있다면?' 한국은 1위가 스티브 잡스야. 그 외에 반기문, 안철수, 김연아. (웃음)

존슨 (웃음) 뭐냐, 취업한 사람은 아무도 없네.

철수 그러니까. 우리가 전에도 누누이 얘기했지만 취업이 더 낫다, 창업이 더 낫다 이런 얘기를 하려는 게 아닌데, 이 부모들의 생각이 너무 모순적이잖아? 뭐, 저 중에서 굳이 따지자면 반기문 씨가 취업을 했네. (웃음) 그러니까 스티브 잡스, 안철수, 김연아 이런 아이를 낳아서 취업을 시키겠다는 거 아냐? (웃음)

존슨 근데 진짜 이스라엘이랑 핀란드는 죽이네. 아이가 닮았으면 하는 인물 1위가 '있는 그대로의 아이 모습이 좋다.'

철수 야…… 이건 진짜 감동적이다.

존슨 그치. 이런 게 부모지. 돈 잘 버는 자식 원하는 게 그게 부모냐. 비즈니스맨이지.

신병훈련 뺨치는
신입사원 연수

철수　내가 기사를 하나 봤는데, 제목이 '신병훈련 뺨치는 신입사원 연수'야. 들어봐봐. '블랙야크, 3주 동안 암벽등반 교육'.

존슨　(웃음)

철수　'BBQ. 2주 간 매일 닭 조리 후 시식.' (웃음)

존슨　그거는 괜찮지 않냐? 2주 간 맥주만 주면 완전 천국이네. 닭에다가 맨날 맥주 마시고. (웃음)

철수　그치. (웃음) 그다음에 '호텔 신라, 해병대처럼 굴리기도.' 너 이런 연수 받아본 적 있냐?

존슨　나는 한 번도 받아본 적이 없네. 난 좋은 데만 갔으니까.

철수　아 맞다, 너 SK…… 아 인턴은 그런 거 안 가나?

존슨　가긴 갔었지. 그룹사 인턴들 전체가 모여서 일주일 정도 갔다 왔는데, 거기서는 뭐 그런 게 없었어. SK 자체가 그런 거 별로 없다고 그러더라고.

철수　나는 그 연수 받아봤어. 야간행군이라 그래서, 여덟 시간 정도 행군을 해. 밤새. 그리고 그것도 했어. 정독이라고, 투명의자 자세 있지. 의자에 앉아 있는 것처럼 다리 구부려서 기마자세 비슷하게 하고, 앞으로 나란히 하고. 그렇게 하고 두 시간 가까이 안창호 선생의 무슨 글을 읽는 거야. 졸라 크게.

존슨　야, 그런 걸 시켜? 와…… X같네.

철수　그게 전통이라는 거지.

존슨　사발식보다 더한 전통이구만.

철수　그래서 일부는 거기서 막 쓰러지고 울고.

존슨　그게 무슨 전통이냐? 그게 도대체 무슨 의미가 있는 거야?

철수　뭐 이걸 끝내야 진정한 조직원이다, 이런 거지. 암튼 남자 선배들 집단이 있어. 그 선배들이 그날 조교로 와서 '똑바로 안 해!' 졸라 욕하면서.

존슨　와 진짜 씨…….

철수　여자애들 울고, 막 땀이 바닥에 젖어. 진짜 막 뚝뚝뚝뚝 흐른다니까. 앞으로 나란히 자세로.

존슨　야 이 씨, 넌 그런 걸 그냥 군소리 없이 했냐?

철수　나는 립씽크를 했지.

존슨　(웃음)

철수　(웃음) 립씽크로 막 하다가 그 선배 직원이 앞에 와서 '뭐하는 거야!' 해서 다시 크게 하고.

존슨　아, 진짜 X같다…….

철수 그때 또 앞에 나와서 뭐 할 사람, 하면 애들이 손을 막 졸라 들어.

존슨 (웃음)

철수 그럼 손 든 애들이 무대 앞에 나가서, 선창을 하는 거야. '나는!' 막
이러면서.

존슨 아, 난 진짜 생각만 해도…….

철수 암튼 또 다른 것도 있었는데, 이건 그 2~3년 전에 폐지가 됐대. 뭐
냐면 '당연하지'란 게임 알지? 그거랑 비슷한데. 앞에서 졸라 모욕
을 주는 거래. 서로 일대일로 세워 놓고 인신공격을 하게 하는 거였
다고 하더라고. 너 배 졸라 나왔지! 하면서 서로 소리 지르는 거.

존슨 와…… 이런 미친. 야, 그거는 시발 인권위에 제소 들어가야 되는
거 아냐?

철수 어. 그래서 그건 사라졌어.

존슨 아, 진짜 미친 짓이다. 그게 무슨 전통이야?

철수 근데 그 우리 전 기수 때 선배들은, 마치 그거를 약간…….

존슨 그걸 했다는 걸 자랑하는? 아오…….

철수 '너넨 그거 안 했지?' 이러는 거지. 그래서 난 계속 그렇게 물어본
거야. '아니, 근데 그걸 왜 해요?' 그러면 대답은 그거야. '아 이게 은
행이라는 데가 굉장히 심한 말도 들을 수 있고 하니까 그거를 버티
려면 그 정도 강단은 있어야 된다.' 그게 유래가 일본이라네. 일본
어떤 기업의 문화를 그대로 갖고 온 건가 봐. 그 은행이 일본 사람
들이 만든 거잖아. 재일교포들이.

존슨 그러니까 우리나라 기업 채용시스템의 주목적은 그거네. 개인성의

말살. 그냥 무조건 종속시키려고만 하니까. 그래 놓고선 무슨 백날 스티브잡스 형 인재를 만들겠다, 그게 되겠냐고. 시발. 아, 갑자기 빡치네.

철수 진짜 일본식 군국주의 문화인 거 같애. 암튼 그 두 번째 그것도 똑같이 졸라 고함지르면서 남들 보는 앞에서, 한 명이 울거나 포기할 때까지 하는 거였대.

존슨 와 진짜 X같다.

철수 암튼 진짜 문제는 그런 거야. 이 구성원들이 이런 X같이 후진적인 걸로 어떤 자부심을 가진다는 거지. 이게 되게 부끄러운 거야.

존슨 무슨 대학교 MT 가서 군기 잡는 애들 보면, 막 선배랍시고 유격조교 모자 쓰고 군복 입고 와서 막 엎드려뻗쳐 시키고 그런다니까. 그런 색기들 군대에서 존내 맞고 다녔을 거야.

철수 X같은 대물림이야.

존슨 시발, 뭐 그런 걸 시키냐? 그 고생해서 그 좋다는 은행씩이나 들어가서.

철수 대부분의 대기업들도 연수에서 X같은 거 많이 하잖아.

존슨 모르겠어. 뭐 등산 같은 건 할 수도 있다 치는데, 야 씨 그런 거는 너무 심한 거 아냐?

철수 삼성이나 이런 데도 연수가 되게 심하기로 유명하잖아. 거기는 그런 거 있지 않았나? 카드섹션이라고 그러나, 그런 거 막.

존슨 그 마스게임?

철수 어. 그 마스게임하고 응원석에서는 카드섹션.

존슨　　그게 존내 악명 높았잖아. 거의 무슨 북한급이라고.

철수　　그것도 X같애.

존슨　　근데 또 걔들은 그게 그렇게 멋있다고.

철수　　씨바, 멋있긴.

존슨　　그러니까 그런 상황에서 자존감을 유지하고 자기 개인성, 이런 거를 유지하는 게 힘들지.

철수　　그 야간행군도 문제가 있어. 여자들도 똑같이 시키는 건데. 한 6시쯤 시작해서 끝나면 새벽 5시. 도착할 때쯤 보면 해가 떠. 여자들은 가다가 막 저리고 쥐나고 그러잖아, 그러면 선배들이 '야, 얘 가방니가 들어줘' 이러는데. 그러면 '제가 들겠습니다' 이런 거 있잖아. 여자들은 울면서 '아닙니다, 제가 하겠습니다' 이런 거. 그렇게 목적지에 가서 다 사람들이 모여서 '만세! 내가 주인이다!' 이러면 여자애들 막 우는 거야. 울면서 그냥…….

존슨 (웃음) 무슨 사디스트도 아니고. 결국은 울리는 게 목적 아냐?

철수 그렇지. 그렇게 고춰를 시키는 거지. 그러니까 취준생들 중에서도 혹시나 신입사원 연수 이런 거에 로망 있는 분들은.

존슨 로망 같은 거 다 버리고 가십시오.

철수 차라리 3일 해병대 훈련을 갔다 오는 게.

존슨 그것도 한대잖아.

철수 아 그래?

존슨 방금 니가 기사에서 읽었던.

철수 아 신라호텔. 일 년에 몇 번씩 갔다 온다네. 국빈을 담당하는 최고급 서비스 요원을 배출하는 호텔 신라의 드림 훈련과정…… 최정상급 고객을 모시기 위해 운영하는 프로그램인 만큼 해병대 훈련까지 거칠 정도로 굉장히 유명하다…… 아니, 국빈 모시는 거랑 해병대랑 무슨 상관이지? 수틀리면 국빈들 존내 뚜드려 패라는 건가 (웃음)

존슨 (웃음) 그러니까. 진짜 어이가 없다.

철수 이런 거 진짜 문제 있네.

존슨 왜 이런 거 없애지 못할까? 아무튼 저, 로망을 버려야 돼.

회사 다니던 그때
그 수치스러움에 대하여

철수　내가 그 금융그룹 다닐 때의 일화를 하나 얘기해보면 말이야. 거기 다닐 때 하루는 부지점장이 날 세워놓고 스마트폰을 안 쓴다고 1시간 반 넘게 설교를 한 적이 있어.

존슨　나도 건설사 다닐 때, 폴더폰을 쓰고 있었는데 진짜 존내 압박을 하는 거야. 스마트폰 쓰라고. 난 신념이 있었거든. 스마트폰을 안 쓰겠다는 신념이.

철수　어. 나도.

존슨　뭐 어떻게 결국 쓰게 됐지만. (웃음)

철수　나도 그때 그러고 나서 한 달 뒤에 바꿨지. 아니 근데 왜 그런 걸로 지랄을 하는 거야? 그때 내가 한 시간 반을 설교 들으면서…….

존슨　너 실적을 못 내니까 그런 거 아냐?

철수　실적은 무슨, 씨바. 암튼. 그때 졸라 화가 나는 거야. 그래서 대답도 안 하고 눈에 힘 졸라 주다가 씨, 이러고 말았어. 근데 내가 표정이

굳어 있고 그러니까 마음에 안 들었던 거지. 약간 뻣뻣한 스타일이 잖아, 내가. 근데 그다음 날 갑자기 무슨 롤 플레이를 하자는 거야. 나한테 연극을 시키는 거지. 실제 고객 응대하는 연극. 열 명이 날 쳐다보고 있는데, 거기서 나보고 상황 쥐어주면서 고객응대 해보라 는데 와 그때 졸라 수치심이 생겨서…….

존슨　열 명은 그냥 보고 있고, 너만?

철수　어, 열 명은 앉아 있고.

존슨　진짜? 와 X같네. 어떻게 그런 걸 시키냐?

철수　그때 내가 있던 지점이 고객만족 서비스에서 최하위를 했다네. 그 러니까 나보고 뭐라 했나면, 원래는 우리 지점이 1등을 했는데 요 새는 꼴등을 한다, 이게 누구 탓이겠냐. 누구 한 명을 콕 집어서 그 러는 건 아니지만 누구 한 명 들어오고 나서 꼴등 됐다, 이따위로 눈치주니 이게 시발 X같지. 대놓고 욕을 하든가 차라리.

존슨　이런 시발…….

철수　그러면서 나한테 대본대로 해보라고 시킨 거지. 그 자리에 지점장 님은 없었는데, 그때 갑자기 지점장님이 들어오면서 '왜 그런 걸 해?' 그랬거든. 그 지점장님은 진짜 좋았어. 내가 진짜 존경하는 사 람이었어. 근데 그 부지점장은 막 되게 열심히 하는 사람이라 둘이 싸운 적도 있어. 회의 때.

존슨　승진하려고 눈이 벌게져서.

철수　지점장은 그런 거 한다고 하면 '하지마, 하지마' 이러는데, 부지점 장이 해야 된다고 그러는 거야.

존슨　아니, 그게 무슨 도움이 된다고.

철수　내가 1분 정도 서 있다가 '나 진짜 이런 거 못한다' 그랬어. 그러고 명찰 딱 내려놓고 가방 싸고 나왔지. 그러니까 내 바로 위 여자 선배가 뛰어와서 말리고, 지점장님은 깜짝 놀라서 눈이 휘둥그레지고. 지점장님은 그 전날 스마트폰 때문에 내가 혼난 건 모르는 상황이었고.

존슨　그래서?

철수　그 1년 선배가 날 데리고 왔고. 지점장님이 물어보더라고. 무슨 일인지 얘기해보라고. 부지점장 옆에 서 있었고. 그래서 나는 그냥 내 개인적인 문제라고, 잘 안 맞는 거 같다고 그랬지.

존슨　와 진짜 X같다. 그런 일이 있었어? 그래서 너 그다음에 얼마 동안 다니다가 관둔 거야?

철수　한 2, 3개월? 그런 생각이 들더라고. 내가 다른 지점에 가더라도 계속해서 이런 상황이 오겠다. 고객만족 서비스 점수도 계속 따라다닐 거고.

존슨　근데 그게 진짜 그런 그림인데? 드라마에서 막 80년대 회사 보면 '실적이 최고다' 이런 현수막 걸어놓고 막 으쌰으쌰 하는 그런 그림.

철수　우리도 원래 회의 끝날 때마다 그런 구호를 외쳤어. '실적 1위!' 막 그러면서.

존슨　그래서 영업 압박이 장난 아니게 X같다, 이러는구나.

철수　그래서 주변 사람들이 너 후회하지 않냐, 이러는데 사실 후회는 없어. 아쉬운 건 좀 있어도. 내가 요즘 과정이 좀 순탄치 않으니까 그 럴 때.

존슨 그래. 아쉬움은 있겠지만 후회는 없는.

철수 나랑 안 맞는 일이었지. 근데 뭐 잘하는 사람도 있어.

존슨 야, 얘기 들으니까 거기서 버티고 있는 사람 진짜 안타깝다. 무슨 좋은 꼴을 보겠다고 20, 30년 동안…….

철수 근데 웃긴 게 연말에 온건하던 지점장은 살아남고 오히려 그 극성 이던 부지점장이 잘렸다. (웃음) 세상 일 몰라.

스펙은 좋으나
여전히 백수인 취준생

철수 자기소개 한번 해주시죠.

김기자 아 네. 우물쭈물 하다가 내 이렇게 될 줄 알았지의 살아 있는 표본. 아직까지 백수 신세를 면치 못하고 있는 일명 김기자입니다. 간단한 소개를 하자면 나이는 28세. 학교는 소위 말하는 '서성한' 중 한 곳. 전공은 문학. 국문과입니다.

철수 전공은 정말 취업에 불리한 과네.

김기자 뭐 그런 것도 있겠지만 저 같은 경우엔 기자를 준비한답시고, 아무것도 안 하고. 뭐 인턴이라든가 공모전이라든가 다른 친구들이 많이 하는 그런 거를 좀 등한시하고 내공을 쌓는다는 핑계로 책만 읽었던 거 같아요. 그것도 별로 취업에 도움이 안 되는…….

철수 옛날에 그 박지원 소설 중에, 양반이 책 읽다가 마누라한테 욕 먹어 갖고 나가는 거 있잖아.

존슨 허생전.

철수   어. 허생이 책 읽기를 10년 기약했는데 마누라 등쌀에 못 이겨갖
        고…….

김기자   허생은 출세를 했는데, 전 아직 못했습니다.

존슨   아마 못할 거예요. (웃음)

김기자   (웃음) 아니 초면인데, 그래도…….

존슨   (웃음) 저희 다 못할 거예요.

대체 어떤 인재를 원하는 거야?

철수   시험 준비는 진짜 다른 거 신경 안 쓰고 그것만 하면 되는데, 취업
        준비는 뭐 여러 개 신경 써야 될 게 많잖아. 쌓아야 되는 스펙도 여
        러 가지고. 그러니까 내 생각에 시험 준비는 겨울이고, 취업 준비는
        여름 같애. 여름에는 신경 쓸 게 졸라 많아. 모기도 많고, 끈끈하고,
        덥고, 음식 상하고, 엄청나게 땀나고 불쾌한 게 많잖아. 근데 겨울은
        졸라 춥잖아. 그거밖에 없어. 근데 너무 추워, 죽을 정도로.

존슨   …… 어 그래. 그런 걸로 하고, 그럼 언론사 시험 준비는 얼마나 한
        거예요?

김기자   한 반년?

철수   에이.

존슨   그러면 그렇게 오래 한 편은 아니네요.

김기자   그런데 그 전에 어학연수 갔었고, 음악도 잠깐 했고, 영화도 찍었

고…… 그래서 언론 쪽이나 그런 분야에 관심을 많이 가졌는데, 지
금 돌이켜보면 관심만 많았지, 정작 이력서에 쓸 만한 내용, 자기소
개서에 적을 만한 구체적인 노력들은 좀 부족했던 게 아닌가…….

존슨 근데 제가 볼 때는 되게 흥미로운 경력들이 많은 거 같은데.

김기자 제가 얼마 전에 LS니꼬동제련이라는 기업에 면접을 보러 갔는데.

철수 이름이 뭐 그래? (웃음)

김기자 거기 쓰면서 나도 막 경력 썼죠. 미국에 있는 무슨 실리콘밸리 IT기
업에서 한국인 최초로 인턴을 어쩌고저쩌고. 영화 공모전에서 대상
을 타고 어쩌고저쩌고. 다양한 경험들 다 썼는데, 정작 면접관들은
딱 읽더니. 음, 정말 다양한 경험을 하셨군요. 이걸로 끝인 거예요.

존슨 하…….

김기자 정작 기업이 요구하는 것과는 거리가 있는…….

존슨 대체 기업이 무슨, 뭘 요구하는지 모르겠어.

철수 망하는 기업은 그래서 망하는 거야. 뭔가 획일화 되고 천편일률적
인 사람들만 뽑잖아. 그런 데가 망해. 내가 맨날 하는 얘기가 그거
잖아. 이 인사팀 시키들이 날 뽑아야 된다고.

김기자 (웃음) 그래서 아무튼, 자기소개서든 면접이든 다양한 경험을 어필
하되, 지원하는 회사라든가 직무와 연관성 있는 경력을 쌓는 게 더
중요한 거 같고.

존슨 근데 나 같은 경우도 직무와 관련 없는 얘기를 많이 썼거든요. 그런
경험을 좀 보편적인 가치랑 맞물려서 얘기를 하면 좀 먹히는 거 같
던데. 직무랑은 상관없을지 몰라도, 내가 이런 식으로 해서 조직생

활 하는 데 도움이 될 만한 이런 걸 얻었다, 그렇게 말할 순 있잖아.

철수 근데 또 나는 드는 생각이, 인사팀의 잘못만도 아닌 게, 취준생들도 같이 그런 문화를 만들어가는 거 같아. 지레 겁먹고, 이런 거 기업에서 안 좋아하겠다 생각을 해서. 그 대기업에서 운영하는 블로그 기자단, SNS마케터 같은 별 쓰잘데기 없는 피 빨아먹기식 대외활동들에 환장해서 쫓아다니는 거지. 남들 다 그러다 보니까 안 한 사람들은 뭔가 불안하고 그래서 같이 매달릴 수밖에 없고. 내 친구는 뭐냐, 그 국내 최대 금융그룹 있을 때, 안경 동그란 거 쓰고 머리에 포마드 발라갖고 그러고 다녔어. 면접 볼 때도. 근데 나중에 들어보니까 동기들이 '아 저 놈은 뭐지?' 이런 생각을 많이 했대. 임원 면접 땐 임원들이 외모에 대해서만 계속 물어보고. 그 안경 어디서 산 거냐, 머리에는 뭘 바른 거냐? 등등.

존,김 (웃음)

철수 포마드 발랐다 그랬더니 임원들이 '아, 그거 예전에 많이 발랐는데' 이런 얘기하고.

김기자 그거 지금 본인 얘기하는 거죠?

철수 …… 아무튼. 그때 그 친구 주위 사람들이 전부 그랬대. 그런 머리, 그런 안경으로 너 취업 절대 안 된다. 근데 결국 국내 최대 금융그룹에 합격한 거지. 그리고 연수 받을 때 진짜 무슨 학생부 불려가듯이 맨날 불려가서, 야 너 빨간 거 신지 마라, 야 그 머리 좀 잘라라, 옆머리 좀 잘라라, 야 그거 말고 다른 애들처럼 짧게 해서 왁스 발라라…… 근데 거기서 나는 뭐라 그랬냐면.

존슨   나?

김기자   (웃음)

철수   아 그 친구는. (웃음) 암튼. 이거 60, 70년대에는 은행원들 무조건 포마드 바르고 다녔다, 미국에서. 그땐 되는데 지금은 왜 안 되냐, 내가 왜 다른 애들처럼 머리 세우고 다녀야 되냐.

김기자   시대를 잘못 태어났어.

철수   그냥 그렇게 웃어넘겼지. 난 바꾸기 싫으니까. 근데 실제 영업점에 가니까 고객들이 신기해하는 거야, 오히려. 막 할아버지가 옆 창구에서 그러는 거지. 오 내가 젊었을 때 했던 머린데, 이러면서.

존, 김   (웃음)

철수   그렇게 오히려 내 외모로 대화를 풀어나가는 거야. 영업이잖아. 다 똑같으면 그런 식의 대화는 안 되잖아. 아무튼 그런 걸 보면서도 뭔가 그런 독특하고 새로운 걸로도 어필할 수가 있구나, 이런 생각이 들었거든. 그러니까 인사팀에서 이런 걸 알면 그렇게 천편일률적인 인재만 뽑진 않을 텐데 말이야.

김기자   그러니까 항상 저를 포함해서 모든 취준생들이 갖는 의문은 그걸 거예요. 대체 기업은 어떤 인재를 원하는 거냐. 스펙이냐, 자소서냐, 스토리냐. 모르는 거죠, 아무도. 심지어 무슨 생각까지 드느냐면 지원자가 많이 몰리는 기업 같은 경우는 '얘네 자소서 쌓아놓고 그냥 선풍기에 돌리는 거 아닌가' 그런 극단적인 생각이 들 정도로 기준을 가늠할 수가 없으니까. 도무지.

철수　다시 한 번 짚어보죠. 구체적인 스펙이 어떻게 되죠?

김기자　한양대 국문과 전공. 학점은 3.5 정도. 토익 900점 후반 대. OPIC IH. 토스7. 토익 라이팅 8. 프랑스어 자격증 DELF, 운전면허증, 태권도 단증, 한국어능력시험 자격증.

존슨　아니, 이게 다 뭐야?

철수　야 이, 여기 왜 온 거야 대체. (웃음)

김기자　아니 근데도 안 된다고요. 이게 스펙이 다가 아니라는 거.

존슨　본인이 생각할 때는 뭐가 문제인 거 같나요?

김기자　태어난 게 문제인가? (웃음)

존슨　그거 큰 문제지. (웃음)

김기자　이게 진짜, 저는 제가 가지고 있는 거니까 느끼잖아요. 근데 취준생

이 보는 그거랑 기업에서 보는 그거랑 정말 다른가 보더라고요.

철수 에이…… 내가 볼 땐, 안 되는 건 스펙의 문제가 아니야.

김기자 전공의 문제인가?

철수 아니야. 병이 있는 거야.

존, 김 (웃음)

김기자 아니 근데 이게, 서류에서부터 떨어지니까.

철수 그럼 어쩔 수 없다.

존슨 서류 떨어지면 어쩔 수 없지.

김기자 (웃음) 서류 떨어지면 그 생각이 든다니까요, 진짜. 아…… 내가 이 정도도 안 되나.

존슨 진짜 서류 떨어지는 건 면역이 돼야 하는 거 같아요. 저도 거의 한 30개 쓰면 한두 개 붙는데, 거기서 뭐 면접 같은 걸 잘 봐야.

김기자 좀 강인해야 되는데, 더 단단해져야 되는데. 그게 좀…….

철수 모든 취준생들이 같은 걸 겪을 것 같아. 특히 처음이나 두 번째 취업 준비하는 과정에선 하나 떨어진 게 그렇게 컸거든. 근데 내가 항상 얘기하지만, 하나 떨어진 걸 아까워하면 안 돼. 그거 아까워할 시간에 하나 더 써. 지금 쓸 게 엄청 많기 때문에 좀 더 초연해지고.

존슨 그래. 한 80개는 넘게 써야지.

김기자 근데 사실 지치잖아요, 이게.

철수 그러니까 취업 준비할 때도 놀 거리를 좀 만들어야 되는 거 같아. 스트레스 푸는 거.

김기자 아 근데, 놀아도 노는 것 같지 않고…….

철수   밖에 나가요, 그냥. 나는 요즘에 눈치 보여서 아침에 엄마 친구들
　　　오면 그냥 밖으로 나가요.

김기자   (웃음)

철수   진짜 술 마시고 머리 아파 죽겠는데도. (웃음)

김기자   아니 근데, 진짜 안 불안해요?

철수   뭐 불안은 그냥, 이제 제 몸의 일부라고 생각해요. 불안한 건 당연
　　　한 거고.

존슨   어차피 불안해도 뭐 별로 달라지는 게 없잖아. 불안해하고 있어봤
　　　자 뭐 할 수 있는 게 없으니까.

철수   아 근데 솔직히 말해서 불안한 건 덜 수가 없어. 이거를 어떻게 덜
　　　어낼 수가 없으니까 그냥 불안한 걸 기본적으로 가지고 가는 거고.

김기자   그 불안이 연료가 되기도 하니까.

씁쓸한 취업 시장에 대한 직설

철수   지금까지 어떤 데 지원했어요?

김기자   직무 같은 경우는 작년에 해외영업 쪽을 지원했는데 물론 잘 안 됐
　　　고. 올해는 국내영업, 영업 관리를 보고 있는데, 지금까지 열 군데
　　　쓴 거 전패했습니다.

존슨   문과생들은 다 영업이야.

김기자   음…… 갈 데가 없어요.

철수　그래서 나는 항상 궁금한 게 스터디나 주변 친구들 보면. 나는 진짜 이거 해야 돼, 이렇게 너무 막 안달을 하는데. 막상 '너 어디 썼어?' '나 거기 영업.' '너 거기 가고 싶어?' '아니 난 그냥 가야 돼.' 하고 싶은 건 아닌데 가야 되는 거야.

김기자　그게 진짜 너무 괴로운 거 같아요. 다른 친구들은 어떤지 모르겠는데, 저는 제가 가지고 있는 전공이라든가, 읽고 공부한 내용에 상당히 자부심이 있는 편이었거든요. 그런데 이제 당장 취업 시장으로 확 들어오니까, 정말 이 사회가 요구하지 않는, 아무짝에도 쓸모가 없어 보이는 그런…… 서글프더라고요.

존슨　취업 시장 자체가 사람을 너무 규격화해버리니까. 너무 비인간화 되는 거 같아.

철수　근데 너무 조급해하지 않았으면 좋겠어. 그러니까 이 취업, 뭐 좋은 데 안 됐다고 해서 인생이 진짜 어떻게 결정 나는 것도 아니고. 만약에 취업이 거기 영업 관리 쪽으로 됐다고 해서 인생이 평생 그쪽으로 결정 나는 게 아니잖아. 그만둘 수도 있고, 또 회사를 바꿀 수도 있고, 사업을 할 수도 있는 거고.

김기자　맞는 말인데, 근데 그게 쉽지가 않아요.

철수　아, 그럼 뭔들 쉬워요. 인생이 다 그렇지. 하루하루가 생존이라고.

김기자　정말로 제가 말하고 싶은 거는, 취업준비생이 되면 일단 시야가 좁아져요. 당장 어떻게든지 이 상황을 벗어나고 싶은 마음이 앞서다 보니까 무조건 어떤 기업이든 가야 되고, 그중에서도 30대 기업, 또 잘 가면 5대 기업, 이렇게 시야 자체가 좁아져버리니까.

존슨 맞아. 그나마 취업이 제일 쉬운 방법이라서 다 여기 매달리는 거야. 사업하고 그런 게 어디 쉬워?

철수 아니 그러니까 내 말은, 정확하게 구분해야 한다는 거지. 자기가 할 수 있는 거, 해야 되는 거, 하고 싶은 거. 그걸 다 동일화시켜서 무조건 취업에 매달리고 있으니까.

김기자 사실 그게 좀 슬프죠.

존슨 어떻게 보면 자기방어기제도 있는 거 같아. '이 X같은 게 내가 정말 하고 싶은 거다.' 그렇게라도 믿고 있어야지 덜 거지 같으니까.

김기자 다들 인성 검사마저 기업 인재상에 맞춰서 쓰는 시대잖아.

철수 어 맞아. 존슨 이 새끼는 뱃속이 아주 새까만 놈이야. 다 연기가 가능하다니까. 면접도 그렇고. 서류도 똑같애. 서류 쓰면 씨바 다 열정이라고 쓰지.

김기자 (웃음)

철수 근데 그건 그냥 그렇게 쓰는 거야. 굳이 막 메소드 연기까지 해야 되냐 이거지.

김기자 그 왜 지난 총선에서 새누리당이 공천을 했잖아요? 그때 새누리당에서 이미지 쇄신을 위해 젊은 세대의 표심을 잡겠다고 두 명의 20대를 내세웠고. 한 명이 손수조, 다른 한 명이 이준석. 근데 보면 그게 정말 기성세대, 회사가 우리들 젊은 세대에게 요구하는 인재상이 아닐까 싶은 게. 손수조같이 어떤 과잉된 자의식으로 포장된 열정 있는 인재, 말 잘 들을 애, 부려먹기 좋은 애. 아니면 이준석처럼 남들과 비교하지 못할 만큼 어마어마한 스펙을 가지고 있는 친구.

이런 두 종류의 인재를 원하는 게 아닌가 싶어요. 한데 이준석 같은 사람이야 정말 극소수일 거고, 대다수의 사람들은, 그러니까 나를 포함해서.

존슨 철수를 포함해서.

김기자 (웃음) 그런 우리들은 이제 어쩔 수 없이 손수조와 같은 포지션을 취할 수밖에 없다는 거죠. 그런데 우리는 그게 아니잖아요. 그 중간 어딘가에서 항상 방황을 하고 있는데…….

존슨 날카롭네. 거의 진중권 급이야.

김기자 그러니까 우리는 어쩔 수 없이, 손수조가 되어가고 있다는…….

철수 근데 처음 입사한 신입사원들도, 앞에서 막 율동 만들고 이런 애들 은 진짜 극소수야. 막 깃대 들고 행군하면서 울고 이런 애들은 극소 수라고. 그러니까 굳이 우리 모두가 행군하면서 깃대를 들 필요가 없어. 그 신입사원 연수에서 '아 X같이 이런 걸 왜 해' 나머지 80명 은 다 그러고 있다니까.

김기자 아니 근데 내 입장에서는 어떻게든 그거를 긍정적으로 봐야지, 부 정적으로 속으로 씨바 하면서는 못 살 것 같아요.

존슨 내 생각에는, 완전 눈빛까지 변해서 '오, 우리 회사! 오, 우리 회장 님!' 이러는 것보다는, 어떤 일말의 자의식은 가지고 있는 게 나은 거 같애. 진짜 자기가 뭘 하고 싶은 건지, 어떻게 살고 싶은 건지, 어 떻게 행복하게 살고 싶은 건지. 그렇게 다른 무엇도 아닌 자기 자신 에 대해 최소한도의 관심은 쏟아줘야 하는 거 아니냐 이 말이지. 물 론 머리 싸매고, 깃대 들고 그러는 놈들을 무조건 무시하고 욕할 것

도 아니지만. 사람이 속에 그런 불덩이라도 품고 있어야 나중에 변

할 수 있는 여지라도 남지.

취준생이 느끼는 부담, 가족이라는 이름의 족쇄

김기자　근데 부모님 생각하면, 그래도 좀 번듯한 직장에 가야 되는 거 아닌가…… 그런 생각이.

존슨　가족이라는 게 그런 면에서 보면 진짜 족쇄야.

김기자　나 혼자만 생각하면, 친구들하고 술 먹고 퍼질러 자고 그러든 상관없는데. 정말 좋아하는 여자친구만 생겨도, 돈을 좀 벌어서 이것도 저것도 해주고 싶고…… 아무래도 사람이 달라지잖아요. 그런 것처럼 가족을 생각하면.

철수　그래서 나는 존슨을 보면서 배우는 게, 심리적으로 독립을 하면 돼.

존슨　이 친구가 나를 보면서 엄청 많이 배우거든요.

김기자　(웃음)

철수　아니, 존슨 말고 존슨 친구. 암튼. 부모님이 원하는 거는 사실 그렇게 크지 않다고 봐. 우리가 좋아하는 거 해서 잘 먹고 잘 살면 되는 거 아닌가. 괜히 우리가 유령을 만들고 있는 걸 수도 있어.

김기자　그렇죠.

철수　내 친구가 은행 나올 때.

존슨　니가?

철수 아니, 내 친구가. (웃음) 내 신상이 나가면 안 되니 일단.

김기자 (웃음)

철수 그 친구 부모님이 은행을 그렇게 좋아해서 은행에 갔는데. 은행 그 만둔다고 하니까 그 친구 부모님이 그러더라고요. 잘 생각했다고. 이렇게 힘든 덴 줄 몰랐다고. 이럴 바에야 차라리 조금 덜 일하고 돈 좀 덜 받더라도 니가 하고 싶은 거 하면서 편하게 살아라, 이러면서 나오라고 권유하셨다 그러더라고. 그러니까 처음에는 내 멋대로 부모의 욕망이라는 유령을 만들어놓고 있었던 거지. 아니, 그 친구는.

존슨 (웃음) 자아가 분열하고 있구만.

철수 (웃음) 그러니까 처음엔 그렇게 생각했던 거야. 우리 부모는, 은행이라는 직장에 나보다 더 집착하고 있을 거다. 근데 아닌 거지.

김기자 근데 모르겠어요. 부모님들이 원하는 게 많은 걸 바라는 게 아니잖아요. 너는 나를 호강시켜줘야 돼, 이런 게 아니라 정말 니 사람 구실하면서 가족 부양 잘 하면서 적당히 살아라, 그런 건데 그 적당히 산다는 게 어렵잖아요. 대기업을 가도 어렵잖아요. 그러니까 정말 발버둥 치게 되는 거 같아요.

존슨 취업 준비 시작하고, 그런 생각하다 보면 가족이라는 게 정말 족쇄가 되는 거 같아. 사람 사이에 정이 생기면 서로에게 어떤 모습을 기대하게 마련이고, 그러면 부담이 생기는 거지. 어쨌든 그 남들 기대에 맞추려고 하다 보면 피곤해지는 게 인생이니까. 그러니까 어느 정도의 이기심은 나는 필요하다고 생각하는 게, 사람은 자기 자신을 자신의 인생의 확고부동한 중심으로 위치시켜야 돼. 자신에 대한 확신이 강하면 남들에게 별 기대 안 하게 되고, 기대지도 않게 된다 이 말이지.

철수 결국 부모자식 간의 관계도 채권채무 관계야. 물질적으로든 감정적으로든.

존슨 애초에 빚을 지지 말아야 되는데.

철수 그건 불가능에 가깝고.

존슨 영화 〈초대받지 않은 손님〉 보면 그러잖아. 부모가 자식을 낳은 게, 그게 부모가 자식한테 빚을 지는 거라고.

철수 음…….

김기자 그 부모 입장에서 보면 또 맞는 말이죠. 쌍방 채무관계네.

존슨 서로 너무 얽혀 있는 그런 관계가 진짜 힘들지. 인생이 피곤해지는 거야.

철수 에이 씨, 어차피 다 죽는데.

존슨 어차피 죽을 거 너는 왜 자소서 쓰고 있냐?

철수 나는 화가 되려고.

김기자 아니 무슨 화가……. (웃음)

철수 내 꿈 갖고 왜 그래요. 내 꿈이 화가인데.

김기자 아 진짜로?

철수 어. 나 맨날 화가 친구랑 기획하고 그랬는데.

김기자 아 정말로? 프로페셔널한?

철수 그럼요.

김기자　존슨은?

존슨　난 락커. 요즘도 매주 밴드하고 있는데. 지금 우리가 얘기하고 있는 여기가 우리 밴드 합주실이고. 그러니까 이 정도 꿈조차도 없으면 그걸 더 부끄러워해야 하는 거 아닌가? 그러니까 막 이런 꿈 얘기 하면서 부끄러워하는 애들 있잖아. 얼굴 빨개져가지고. 도대체 왜 부끄러워하는 거야? 자기 꿈 얘기 하는 게 뭐가 부끄러워. 오히려 난 삼성맨 되고 싶어, 난 7급 공무원…… 이런 뻔한 남의 목표에 종속된 게 부끄러워해야 할 일이지.

철수　분노. 분노해야 할 일이지.

김기자　와, 철수랑 존슨. 이렇게 보니 되게 새롭다.

철수　아니 내가 CPA 공부 그만둘 때 부모님 앞에서 시험 한 달 반 전에 가서 얘기했지. 시험 안 보겠다고. 갑자기 깜짝 놀라는 거야. 왜 그러냐고. 그래서 나, 화가 될 거라고 얘기했지.

김기자　(웃음)

철수　깜짝 놀라더라고. (웃음)

김기자　부모님 입장에선 이 무슨 청천벽력이야 이게.

철수　그래서 나는 그 말만 하고 다음날 나왔지 집을. 근데 그때 아버지는 좀 들으시다가 '그래, 젊을 때 좋아하는 거 해보고, 한번 가봐라' 이런 얘기를 하더라고.

김기자　그런 걸 서포트 해주는 건 아버지밖에 없네.

철수　근데 내 자식이 그랬으면 뒤지게 패고 호적에서 팠을 거 같애. (웃음)

어렵다는 언론고시
빠르게 패스한 기자

철수　중앙일보에서 가장 유능한 기자 분이 강림하셨어.

존슨　촉망 받고 있는 기자지. 이 분 약력을 잠시 소개하자면, 21세기 수
꼴보수의 촉망받는 기주야. 나꼼수가 한창 유행일 때, 김어준이 성
북동에 있는 으리으리한 집에 산다, 뭐 이런 기사를 썼다가 네티즌
한테 가루가 되도록 까인 경력이 있어.

철수　아 진짜로? (웃음)

기자　음…… 나는 그냥 사실만 얘기한 거지.

존슨　해석은 남들이 한 거고?

기자　68평에 사시는 건 맞고.

철수　누구 소유?

기자　본인 소유.

존슨　암튼 그 기사 때문에 사람들이 형 페이스북에 존내 뭐라 그랬잖아.
근데 거기다 형이 또 뭐라고 코멘트를 달았는데, 거기서 맞춤법이

틀린 거야.

철, 기   (웃음)

존슨   그래서 이게, 중앙일보 기자의 수준이다, 그러면서 글이 존내 올라
왔었어.

기자   (웃음) 김어준 총수님 어디 사시는지 폭로했다가. (웃음)

존슨   네티즌들한테 된통 얻어맞은.

기자   네. 공적이었던 중앙일보의 최선욱 기자입니다. 올해 7년차.

철수   7년차. 아…… 그러면 7년 전 입사면, 예전에 그럼 막 경찰서 출입
도?

기자   아 그럼요, 했죠.

철수   그거 몇 년 정도 하는 거예요? 경찰서 출입은?

기자   아, 원칙은 없어요.

철수   보통 평균적으로.

기자   저는 1년 했어요. 일찍 뗀 편이죠.

존슨   그게 일찍 뗀 거야?

기자   2년 하시는 분도 있고, 3년 하시는 분도 있고. 뭐 나중에 또 할 수도
있고.

언론사, 준비부터 입사하기까지

   철수   근데 언론사 입사가 굉장히 어렵다 하잖아요. 뚫기 어렵다, 이런 말

이 있는데.

존슨 그래 그 얘기를 한번 해보자. 형, 그때 스펙이 어떻게 됐어?

기자 고려대 졸.

존슨 학점은?

기자 그건…… 지금 기억 안 나. 평균 B+에서 A사이, 그렇게 졸업했어. 적당히 그냥.

철수 3.78 정도?

기자 뭐 그 사이. 소수점까지는 기억 안 나고.

존슨 영어 성적은?

기자 토익? 그때 920. 적당했죠. 뭐 저는 적당하게 맞췄어요. 학점도 4점 넘어가면 너무 또 공부만 한 거 같아가지고. (웃음)

존슨 맞아, 오히려 언론사에선 그런 얘기가 있어.

철수 학점 너무 높으면?

존슨 언론고시생들 기피한다는 소리도 있더라고. 형은 어떻게 생각해?

기자 아니 어느 직장이든, 고시생 좋아하는 직장이 있나. 기업에서?

철수 언론사 준비기간은 그럼 어땠어요? 본격적으로 스터디나 준비를 한 게.

기자 3학년 2학기 때부터 했던 거 같아요. 그 전에도 관심은 계속 어설프게 갖고 있긴 했고.

존슨 대외 활동이나 인턴. 이런 경험은 없었어?

기자 2006년엔가, 4학년 때 동아일보 인턴십. 그거 한 번 했고. 일종의 직장 체험 프로그램으로.

존슨 그러면, 뭐 기타 자격증 같은 건 없는 거고?

기자 자격증? 없죠.

존슨 그럼 표준적인 스펙만 갖춘 거네. 3.78 학점에.

철수 그러니까 거의 천재라는 거야.

기자 (웃음) 무슨 천재…….

존슨 언론계의 존 내쉬야.

철수 (웃음) 그러면 4학년 1학기 때. 뭐 다른 데 써서 떨어지고 이런 거는……?

기자 많이 떨어졌어요. 거의 뭐 기자직만 시험을 보긴 했는데, 열 군데인가 아홉 군데인가 떨어지고, 중앙일보 입사한 거죠. 그때만 해도 이른바, 취업 시즌이라는 게 있잖아요. 취업 시즌에서 중앙일보가 거의, 제일 늦게 했어요. 그래서 나 입사하고 나서 어디 동작경찰서 들어가면, 국민일보의 어디 기자 친구들은 이미 거기서 두 달씩 쩔어 있더라고. 그러니까 동기인데도 나보다 먼저 경험을 시작한 거지. 그래서 도와달라고…….

존슨 기자들은 타 신문사 사람들도 선배, 후배 대접 한다며?

기자 어 맞아. 그런 게 있어. 그래서 운이 좋았던 게, 지금도 그런지 모르지만 나 때만 해도 대충 보면 1년에 한 1,500명 정도가 기자직 하겠다고 이 시장에 나오더라고. 그런데 그중에서 필기 단계 통과해서 면접장에서 마주치는 친구들은 계속 만나요. 거기서 이제 각 언론사에서 얼굴 보고 고를 수 있는 인력은, 100명 언저리라는 거지.

존슨 나머지는 다 철수 같은 애들이네.

기자 (웃음) 앞에서 SBS 뜨면 한 5명, 그 풀에서 나가고. 조선 뜨면 한 10명 나가고.

존슨 아, 그 풀에서 점점 줄어드는 거구만?

기자 그래서 이제 내 차례가 와서 된 거지. 뭐 나같이 능력 없는 사람도 월급 받고 다니는데, 고맙지 나는.

존슨 대학 동기들이 되게 의아해하더라고. 형 붙었을 때 '어…… 저 사람이?' 이러면서.

철수 (웃음) 아니 그러면 그 원래 대기업 취업은 생각이 없고, 그냥 예전부터 '난 기자로 여자를 품에 안겠다……' 이런 각오로?

기자 (웃음)

철수 (웃음) 붉은 꿈을 안고.

기자 (웃음) 붉은 꿈은 아니고. 그 생각은 했어요. 기자직은 한번 해보고 싶은 직업이다. 그래서 도전했는데, 막 첫 번째 떨어지고 두 번째 떨어지고. 계속 막 그러니까 등골이 오싹해졌죠. 4학년 때까지 계속 해보고 졸업할 때까지 안 되면, 그러니까 취업 재수를 할 때는 그냥 가리지 말고 직장을 찾겠다는 마음으로 했죠. 근데 다행히 막차를 내가 탔죠.

존슨 언론 고시라고 그러잖아. 형은 진짜 잘된 거지.

철수 눈물 젖은 빵을 못 먹어본. (웃음)

기자 (웃음) 뭘 못 먹어본…….

존슨 부르주아의 전형이네.

기자 아홉 번, 열 번 떨어질 때도 힘들었어요.

철수   한 오십 번은 떨어져야 되는 거 아니야? (웃음) 그거 몇 년 하는 사람들도 있는데.

존슨   그래, 너도 지금 한…….

철수   아니, 나는 다르지. (웃음) 그러면 조중동은 스카이만 뽑는다, 그래서 일반 인문계들이 지원하기엔 너무 멀다, 이런 생각에 대해서 어떻게 생각해요?

기자   그렇지는 않아요. 물론 내가 누구를 채용할 수 있는 권한이 있거나 그런 사람은 아니지만.

존슨   들어오는 후배들 보면 어떤데?

기자   꼭 그렇지는 않…….

철수   말 끝맺음이 확실치 않은데? (웃음)

존슨   (웃음)

기자   (웃음) 제가 입사했는데, 바로 직속에 있는 고대 출신 선배가 다섯 기수 위였나?

존슨   그럼 나머지는 다 서울대?

철,기   (웃음)

기자   아니, 난 몰라. 필기시험 채점 들어갔던 선배들한테 얘길 들어보면 시험지 위에 쓴 이름 이런 거 다 가리고 한대요.

존슨   아 진짜야? 아예 다 가리고? 내용만 보고?

기자   어. 내용만 보고 한대. 우리끼리 거짓말 할 이유가 있나.

존슨   음…….

기자   기본적으로 내가 느끼기에도. 기자로서 일하는데 스카이라고 뽑진 않아, 나 같아도.

철수 　그러면 지금 중앙일보나 jtbc를 응시하고자 하는 사람인데, 학벌이 걱정돼서 안 쓴다 하지 말고 한번 도전해보시기를.

존슨 　그랬다가 떨어지면 또 시간 낭비시켰네, 이러면서 막.

철수 　그래, 그때 그럼 최선욱 기자님한테로 메시지 보내주세요.

존슨 　그럼 또 페이스북 폭발할 거야.

기자 　(웃음)

기자에 대해 궁금했던 것들을 묻는다

철수 　방송사 기자랑, 신문사 기자. 어떤 게 더 좋다거나, 뭐 그런 거는?

기자 　요즘은 방송기자를 선호하긴 하죠. 나 때만 해도 그랬고. 모르겠어요, 내 느낌인데, 그때는 참여정부 시절이라 노무현 정부랑 신문사랑 아웅다웅 싸웠다고. 그러니까 신문사보다는 방송사 쪽 선호도가 쭉쭉 올라갈 때였고.

존슨 　그러니까 신문기자는 막 특종을 만들어내는 일선에 있다는 그런 자부심이 있는 거 같고. 신문기자가 방송기자를 보면, 쟤네들은 그냥 뭐 대본 읽는 리포터 아니냐, 그런 걸로 치부를 하기도 하고. 또 방송기자들의 자부심은 아무래도 방송사가 매체로서 영향력이 훨씬 크니까.

기자 　그렇다고 볼 수 있지.

철수　　근데 기자에 대한 선입견이나 고정관념은 주로 텔레비전이나 영화 같은 데서 주입되는 경우가 많단 말이야. 그 뭐냐, 류승완 감독이 만들었던…… 불만제로였나? 그거 뭐였지?

기자　　불만제로는…… (웃음). 저 무슨, 소비자고발…….

존슨　　(웃음)

철수　　아 그래, 부당거래. 영화 〈부당거래〉.

존슨　　거기 기자가 나왔었나?

기자　　아, 조선일보 기자.

존슨　　아아, 그 류승범이랑 같이 맞먹고 노는 그 기자.

기자　　조선일보라는 제호는 안 붙었는데, 그 글씨체나 딱 봤을 때, 그러니까 우리처럼 업계에 있는 사람들은 조선일보라는 거 단박에 알 수가 있지.

철수　　무슨 요정에서 완전히 막 그냥…….

존슨　　오오, 그렇지. 진짜 그런가?

기자　　(웃음) 오해입니다!

철수　　아 그럼 지금 부서가 어떤?

기자　　아 나도 검찰 기자 했는데.

철수　　그러면 그거 했어요?

기자　　뭘 그거를 해? 없다고! (웃음) 난 시켜만 주면 얼마든지 나는…… 준비가 되어 있는데……(웃음)

철수　　(웃음) 그게 더 위험한 말이에요 지금!

존슨　　(웃음) 그러니까! 제 무덤을 파고 있어 지금!

기자　아무도 나를 위해 주지 않아…….

존슨　그래, 그 향응접대 이제 접수 받겠습니다.

철, 기　(웃음)

존슨　최선욱 기자 연락처로 연락주십시오.

기자　아니, 세상이 돌아가는 거를 다 알기 때문에, 기자한테 뭐 그런 거 한다 그래서 영향이 없다는 거를 다 알아요.

철수　그럼 영화에서 그런 거는 좀 과장된 부분이 있다, 너무 극적으로?

기자　그렇지. 그래야 재밌으니까.

존슨　과장됐다는 표현은, 실재는 한다는 소리야.

기자　(웃음) 무슨…….

철수　아……!

기자　(웃음) 무슨 말을 못 하겠네.

철수　자, 아무튼 우리들의 오해는, 오해인 걸로.

기자　근데 그런 부분은 어느 정도 맞아요. 가령, 검찰 조직에서 언론이랑 같이 이렇게 저렇게 해서, 언론이 이슈를 만들고, 거기에 수사기관이 따라감으로써 정치적 부담을 덜려고 하는 시도? 그런 거를 이제, 그 영화에서 류승범처럼 쌈마이같이 '아 그 사건 좀, 이렇게 써 줘' 그렇게 하진 않지.

존슨　아 그럼 '좀, 써 주세요' 이렇게?

철수　(웃음) 아니면 '써 줄래?'

기자　(웃음) 쉽게 얘기해서 정의로운 검사나 경찰관이 하나 있는데 뭘 하나 잡았어. 근데 뭐 정말, 권력 위에 있는 인간, 센 권력이 덮으라고

압력이 들어온다고 쳐, 만약에. 그럴 때 이용하기 좋은 게 언론. 언론에서 뺑 터져버리면, 덮어야 되는데 터졌어. 그러면 어쩔 수 없이, 가야지. 그러니까 언론의 순기능이 있죠. 그런 게. 권력 기관에 있는 센 사람한테는 당당하게 들어가야지. 그게 국민들이 주신, 독자들이 주신 권력이니까 활용을 하고. 다만 이제 항상 낮은 자에게 고개 숙이고, 높은 자 앞에서 당당하게······.

철수 그렇죠. 그게 올곧은 생각이고, 그게 언론의 역할이고. 그럼······ 중앙일보. 급여는 어때요?

기자 먹고살 만해요.

존슨 그냥 한 달에 천······.

기자 야 한 달에 천은 무슨! (웃음) 아무튼 저같이 아직 결혼 안 한 입장에서는 먹고살 만한데.

존슨 그러면 여기서 중요한 질문인데, 중앙일보 7년차 기자는 통장에 얼마를 모았나?

기자 모릅니다.

존슨 하······.

철수 셀 수 없을 만큼 많다는 거 아냐?

기자 (웃음) 아닙니다!

철수 적금 한 네다섯 개 된다는 거고.

존슨 0을 뭐 꼽아볼 수가 없다는 거구만.

기자 아니, 존슨도 알겠지만 내 성격이, 돈 있으면 다 쓰고 그런 성격이라, 아예 그냥 어머니가 나를 컨트롤 해주시지.

철수　아 상납하는…….

기자　다 어머니 드릴 테니 알아서 해주시라, 이렇게…….

존슨　이게 캥거루족이야.

기자　어머니는 그러시는 거지. 아니 얘가 준다고 해서 받기는 하는데, 이 거를 어떻게……. (웃음)

존슨　(웃음) 엄마가 진짜 얼마나 싫어하겠어.

기자　(웃음) 그런 막, 고충을 토로하시는데…….

철수　근데 왜 장가를 안 가세요?

기자　게을러서.

존슨　아…… 그 얘긴 좀 복잡한 문제니까…….

기자　(웃음) 또 뭐가.

철수　아 좀 문제가…… 신체적으로?

기자　아이! 왜 그래! (웃음)

존슨　정신적으로.

기자　(웃음) 정신은…….

철수　아, 약간 성향이…….

기자　아이, 아니야! 아냐! (웃음) 절대 안 그래.

존, 철　(웃음)

기자　내 그런 의심을 받을까 봐 장가 가려고…….

존슨　아, 의심을 불식시키기 위해서 일단 결혼을 하고. 즐길 건 다른 구 멍으로 즐기자, 이거구만.

기자　(웃음)

존슨   보통 게이들이 그런 사람들이 되게 많아.

기자   게이는 무슨! 이 사람. (웃음)

철수   (웃음) 아니, 난 궁금한 거는, 신문사 간의 관계 같은 거. 그러니까 예를 들면, 조중동에 들어가면 경향이나 한겨레신문이랑은 사이가 안 좋은가 그런 거. 또 조중동 같은 메이저 기자들은 다른 기자들보다 더 뭔가 우월의식을…….

존슨   그래, 그거 궁금할 수 있겠다. 조중동 기자랑 경향, 한겨레. 막 되게 사이가 안 좋고 그런가?

기자   그렇지 않습니다. 절대 안 그렇지. 한겨레신문에 친구 있는데, 서로 형, 형 그러지. 그리고 경향신문에도 내가 존경하는 선배가 있고.

존슨   그러면 일선에 있는 기자들끼리는 친하고, 나중에 데스크 올라가면 그게……?

기자   절대 안 그래. 안 좋은 것처럼 보이는데, 에이 아니야.

존슨   근데 분명한 거는, 조중동이랑 타 매체랑 비교하면 직원들 처우 차이가 많이 나잖아.

기자   그건, 그 사정은 내가 잘…… 어렵다는 얘기를 업계에서 풍문으로 듣기는 하는데. 근데 서로 '야 너네는 얼마 받냐' 그런 걸 어떻게 물어봐. 그게 안 된다고. 그런 민감한 부분은 건드리지 않지. 모르겠어, 내가 느끼기엔 기자들이, 돈에 대해서 굉장히 둔감한 편이야.

철수   뭐 많으니까 그럴 수도 있고…….

존, 기   (웃음)

철수   아니 그러니까, 내가 듣기로는 눈 먼 돈이 그냥 하루아침에 입금되

고 이런다는 거야. 그러면, 아 하느님이 주셨구나, 이러면서 쓰고 다
닌다는······ (웃음).

존, 기　(웃음)

기자　제가 봤을 때 분위기가, 이거는 돈 벌려고 하는 일이 아니다, 라는
어떤 컨센서스가 있는 거 같아요. 괜히 또 돈 가지고 그러면 스스로
기자로서 프라이드가 깎이는 거 같은 그런 느낌? 그래서 애써 무시
하게 되는.

존슨　어쨌든 기자라는 게, 뭔가 사명감 같은 걸 갖고 가는 건 있으니까.

기자　감사합니다.

철수　일반 기업에서는 영업 실적에 시달리고, 그것 때문에 잘릴까 걱정
하고 그런 게 있는데. 기자 같은 경우는 한번 들어가면 그래도 오랫
동안 기자 생활을 할 수 있다, 이런 안정성을 생각하는 사람이 많은
데 그건 어떻게 생각해요?

기자　그렇지 않습니다. 음······ 바람 앞에 등불입니다. (웃음)

철수　근속년수로 따지면······.

기자　근속년수가 평균은 얼마나 되는지 모르겠는데, 정말 제각각이에요.
다른 회사랑 크게 다를 거 같지는 않은데? 들어가자마자 관두는 경
우도 있고.

철수　그러면 언론사 직급은 사원, 대리, 과장, 차장 이런 거 다 똑같아요?

기자　기자직은 사원, 차장, 부장······.

철수　아, 사원 바로 위가 차장?

기자　네. 일반 회사에서는 존대리, 철과장, 이렇게 가야 하는데. 우리는

그냥 최기잡니다, 이러면 되니까. 직급이라는 게 중요하지는 않죠.

철수 그럼 회사에서 잘리는 경우도 있어요, 기자가?

기자 그거는 일부…… 우리도 근로기준법의 적용을 받는 노동자입니다. 그러니까 성추행을 했다든가, 무슨 잘못을 했다거나 그러면.

존슨 사실 법을 봐도, 그렇게 잘리는 경우는 많지 않아. 못 버텨서 나가는 거지.

철수 은행은 보면, 보통 부지점장이나 차장급쯤 되는 사람한테 희망퇴직 신청 받는다고 공고를 먼저 내고. 그다음에 공고 마감 한 일주일 전에 나갔으면 좋을 사람들한테 보내는 거야. 희망퇴직 신청하라고.

기자 아 그건, 그런 사정은 언론사도 다 마찬가지지.

철수 그러니까 되게 많은 사람들이 오해를 하는 게, 은행에 가면 되게 안정적이다, 이러잖아. 근데 은행 같은 데는 엄청나게 많은 데이터베이스가 있단 말이야. 개인정보 이런 것도 그렇고. 그래서 까보면 안 나올 사람이 없어. 너 업무하면서 이거 법 위반했다, 해고. 이거 위반했다, 해고. 그러면 퇴직금도 못 받는 거지. 그러니까 퇴직 권고 메일이 오면 그냥, 고맙습니다, 하고 나가야 하는 거야.

기자 저희도 크게 다르진 않아요. 우리 스스로 봐도, 현장 경험 많고 취재 경험 많은 선배 기자가 나이 먹고 현장 못 뛰고 자리 없어서 딴 데 알아보고 그런 게 안타깝죠. 회사 입장에서도 많이 아깝지 않겠어요? 그래서 많이 반성들 하죠. 어떻게 하면 이런 피라미드식 인사구조를 바꿀 수 있을까. 우리끼리도 많이 노력하고 개선해야지.

존슨　형 때는 입사 전형이 어떻게 됐어? 서류 그리고 필기 그다음에.

기자　필기, 면접, 그리고 현장 평가라고. 보통 다 비슷해요.

존슨　현장 평가가 어떻게 하는 거야? 아이템을 주고 취재하라고?

기자　그것도 다채롭지. 지금도 크게 다르지는 않을 거 같은데? 가령 저는 봉고차를 탔어요. 강남역 사거리에서 내려줘서, 딱 그때부터 오후 6시까지 이메일로 기사를 써서 전송하래. 밑도 끝도 없어 그냥 '강남역에서 내려드릴 테니 전송하세요' 그러는 거야. 그냥 돌아다니면서. 그렇게 어떻게든 써서 채점자 누구 이메일로 보내야 되는데. 내가 봤을 때는 썩 엄청난 특종을 낚을 거라는 기대라기보다는, 말 그대로 근성을 한번 보겠다는 거 아니겠어요? 점심시간 바쁠 때 지나가는 직장인들 붙잡고 막 뭐라도 물어보고 해야 할 거 아니야. 그러니까, 어떤 용기, 대담함, 그런 걸 보겠다는 거 같아요.

존슨　그럼 처음 언론사 입사를 준비하는 애들한테 입사를 위해서 가장 중요한 게 뭔 거 같아? 뜬구름 잡는 근성, 열정 이런 거 말고. 구체적인 거. 뭐 글을 어떻게 잘 써야 한다든가.

기자　글 잘 쓰면 좋죠.

철수　글 쓰는 게 뭐 거의 전부 아닐까.

기자　근데 이 말씀을 드리고 싶네요. 글을 잘 쓴다고 해서 기교에 능한 사람을 원하지는 않는 거 같아요. 통찰력이 있는. 그런 글을 잘 써야지. 어떤 유려한 문체? 뭐 있으면 좋지만 거기에만 집중하는 그런 건 별로 바람직하지 않고.

존슨 그럼 이제 막 준비하는 애들이 있다 그러면 뭐를 연습하는 게 가장 도움이 될까?

기자 음…… 내가 그건 연습을 했어요. 도서관이나 이런 데서 두 개의 글을 80분 안에 쓰기. 시간 맞춰 쓰는 연습을 좀 했죠.

존슨 그럼 다음 질문. 기자가 뭐 좋은 게 많지만 그만큼 단점이 많다는데. 어때?

철수 단점?

존슨 그 결혼정보 회사 가면, 그렇다면서. 거기 가면 사람들 등급을 나누잖아. 근데 신문사 직종으로는 기자직보다 경영직이 등급이 더 높다고. (웃음) 저녁이 있는 삶이잖아. 기자는 되게 업무 강도가 심하잖아.

철수 원래 업무 강도가 센 게 상위에 있는 거야. 의사, 변호사, 회계사, 이런 사람들 다 바쁘잖아. 집에 없는 시간 많으니까 아내들이 좋아하고. 집에 있어봐. 아주 그냥. (웃음)

존슨 돈은 잘 벌고, 집에는 없고.

철수 그치 돈 잘 벌고 집에 있으면, 완전 상감마마지. (웃음)

기자 기자는 집에도 없는데 돈도 없어서. 최악이네. (웃음)

존슨 돈 못 벌어오면 집에라도 붙어 있어야 되는데. (웃음)

기자 뭐 솔직히 제가 생활인으로 느끼기에 톱클래스 직업은 아니지만. 그래도 괜찮아요.

 존슨 추천해줄 만해?

기자 기자 일 하고 싶다면야 좋지.

존슨 처음 수습할 때 좀 힘들다며? 경찰서 출입할 때.

기자 그거는 하도 겁을 많이 먹으니까. 그런 줄 알고 그냥 했어요. 그때는 잠도 막 서너 시간밖에 못 자고. 말 그대로 밤 12시까지 보고하고. 다음날 새벽부터 또 보고하고. 근데 뭐, 이 국민들한테 발 빠르고 정확하고 신뢰 있는 정보를 드리려면 내 한 목숨 못 바치겠습니까? (웃음)

'제일' 좋다는
그 광고회사의 디자이너

철수 오늘은 제일 좋다는 그 회사, 제일기획에서 근무 중인 일명, 하얀 돼지 씨를 초대해봤습니다. 먼저 광고 쪽에서 어떤 일을 주로 하고 있는지?

하얀돼지 디자이너요.

존슨 아티스트네?

하얀돼지 뭐 그렇다고 해두죠. (웃음)

철수 여태까지 참여했던 작품이나 그런 걸 약간 소개해준다면?

하얀돼지 보험회사 것도 했었고, 화장품 회사 것도…….

철수 광고 회사에 직무가 여러 가지 있잖아. 그거 간단하게 설명 좀 해주세요.

하얀돼지 명칭은 회사마다 좀 다른데. 사람들이 생각하는 광고업, 그야말로 아이디어를 내고 그거를 바탕으로 제작하고 이런 직군이 있고. 지원부서도 있고. 우리는 매체비를 먹고 사는 회사니까 매체팀이라든가, 그런 데도 있고. 흔히 광고회사 다닌다고 하면 사람들이 '그럼 굉장히 크리에이티브한 일을 하시겠네요?' 하는 직급은 크게 기획이 있고, 제작이 있지. 기획은 한마디로 광고주한테서 숙제를 받아와. 맥주 회사가 이번에 젊은 이미지를 광고하고 싶다고 하면, 기획팀 쪽에서 키워드를 뽑는 거지. 굉장히 간단히 설명하자면 '아 젊은 이미지? 색깔로 이렇게 강조할 수 있겠군, 소리로 강조할 수 있겠고, 또 이걸, 저걸 할 수 있겠군' 이렇게 가지를 잡아나가는 거지. 그러면 제작팀에서 회의를 하고 구체적인 아이디어를 내서 광고를 만드는 거야.

존슨　그럼 AP, AE가 뭐예요?

하얀 돼지　음 AP는 플래너. 큰 그릇을 만들어오는 일을 해. 제일 큰 그릇. 그래서 흔히 AP는 멋있는 일 하고 빠져. 뭐든지 짜증나는 건 영업이잖아. AE가 영업인 거지. 그러니까 AP가 '보험은 사랑입니다' 이런 걸 만들어오고, 그게 이제 AE로 넘어와서 현실적인, 자잘한 것들을 진행하는 거지. '사랑을 어떻게 표현하지?' 이런 고민들. 그리고 그렇게 나온 결과물을 갖고 광고주를 설득을 시키고.

철수　그때 프레젠테이션을 하는 거야?

하얀 돼지　매 단계마다 프레젠테이션을 해. 처음 광고주한테 따올 때도, 제작하면서 조금씩 콘셉트가 바뀔 때마다 광고주를 설득해나갈 때도.

존슨　한 번 광고하는데 PT를 몇 번 하는 거야?

하얀 돼지　굉장히 유명한 이동통신사 이런 데는 광고 하나 내보내려면 PT를 진짜…… 예를 들어 금요일 날 밤에 PT 들어갔는데 빠꾸 먹고 '월요일 날 아침에 다시 들어와주세요' 뭐 이런 거?

존슨 와 나쁜 놈들. 그럼 주말에 일해야겠네.

하얀돼지 주말에는 매일같이 일하지.

철수 광고대행사 사람들은 전공이 주로 어떻게 돼? 동기들 보면 어때? 획일적인가?

하얀돼지 다 다르지. 약간 황당한 경우는 굉장히 좋은 학교 곤충학과 이런 데 나와서 지금 카피라이터 하시는 분도 있고.

존슨 (웃음) 곤충학과? 그런 데도 있어? 개그 친 거 아니야?

하얀돼지 아니야. 진짜로. 건축과 나와서 카피라이팅 하는 분도 있고. 근데 디자이너 직군 같은 경우는 실제로 툴을 다룰 줄 알아야 되니까 전공이 한정돼 있긴 하지.

광고회사의 근무 환경 및 조건에 대하여

철수 제일 좋은 회사에선 서로 프로라고 부른다며?

하얀돼지 얼마 전에 사장님이 바뀌고 나서 이제 그거 안 해. 근데 프로라고 부르는 거 사실 다들 별로 안 좋아했어. 좋아하는 사람들은 그 호칭이 있었던 때부터 들어온 사람들? 근데 나 같이 연차가 애매한 애들은 그래도 직함 달고 싶은 마음도 있고…… 사실 뭐 그렇게 연연하는 건 아닌데.

존슨 엄청 연연하고 있구만. (웃음)

하얀 돼지 아니야. (웃음)

철수 아 회계사들은 서로 선생님이라고 한대. 김 선생님, 이 선생님 이렇게. (웃음)

존슨 (웃음) 그거 괜찮은데? 재밌겠는데?

하얀 돼지 현대인가 거기는 직함을 이니셜로 부른대. 그래서 HJ는.

존슨 아아 회장님 HJN. 그냥 HJ라고 하면 회장이 돼버리니까, 꼭 N을 붙여야 돼. 시발, 영어로라도 꼭 존칭을 해줘야 해. 그리고 과장은 KJ, 사원은 SW.

철수 X같네. 무슨 거의 캄보디아급이네. (웃음)

존슨 어차피 부를 때는 대리라고 이럴 거 아냐. 김 DR님, 이렇게 부를 수는 없잖아? 김 DR님, 이 KJ님, 강 BJ님…….

하얀 돼지 (웃음) 그리고 CJ가 되게 웃겼는데. 님인가? 그냥 님이라고 부른다던데. 존슨 님, 철수 님 이렇게.

존슨 SK는 매니저라고 하고. 어떤 게임 회사에서는 형이라 그런대. 장 형, 김 형.

철수 (웃음) 중국 회사 아냐?

존슨 (웃음) 여자한테도 형이라 그래야 되는 거여.

철수 (웃음) 그래. 그럼 회사 다닌 지는 얼마나 됐나요?

하얀 돼지 5년차요.

존슨 그럼 얼마나 모았어?

하얀 돼지 예?

존슨 한 2억 모았다고 얘기해요.

하얀 돼지 아닌데요.

존슨 2억을 못 모았어? 5년을 다녔는데?

하얀 돼지 지금까지 받은 연봉 다 합쳐도 그거 안 될 거 같은데?

철수 그게 안 된다고? 될 거 같은데?

존슨 그래도 제일 좋은 회사인데. 그때 연봉 나온 거…….

하얀 돼지 아니 그러니까 제발 그런 것 좀 안 나왔으면 좋겠어. 연초 되면 맨 날 계열사 평균 연봉 나오면서…….

존슨 평균의 모순인가?

하얀 돼지 어. 재작년인가 평균 연봉 1위인가 했는데, 그거 위에 2억, 3억씩 받는 사람들이 있어서 그런 거니까.

철수 누가 그렇게 많이 받아?

하얀 돼지 위에 좀 유명한 CD. 그러니까 크리에이티브 디렉터 있잖아. 외국에서 막 데리고 온 사람들.

철수 임원급은 아니고?

하얀 돼지 어, 약간 뭐랄까. 특수하게 있는 사람들.

존슨 그러면 근무환경은 어때요? 출퇴근 시간 이런 건?

하얀 돼지 그건 직군마다 다른데, 제작부서 같은 경우는 되는대로 출근해서 되는대로 퇴근.

존슨 야근 많이 하는 건가?

하얀 돼지 야근이야 매일같이 하지. 다른 회사들 6시 넘으면 야근이라고 하는데, 우린 야근하면 새벽 1, 2시 정도. 심한 날은 꼴딱 새기도 하고.

존슨 나 제일 좋은 회사, 거기 한 번 가봤는데 막 슬리퍼 신고, 추리닝 입

하얀돼지 고 다니더만.

하얀돼지 복장이야 뭐 편하지.

존슨 아니 평균적으로 집에 몇 시쯤 들어가는 거야, 그럼?

하얀돼지 되게 바쁜 팀에 있던 때는 진짜 1년 내내 10시에 출근해서 새벽 2시, 뭐 맨날 그렇게 살았지. 광고회사는 한 달에 27일을 밤새느냐, 일주일을 밤새느냐 차이지, 밤을 새는 날은 무조건 있어. 내가 제일 길게 일해본 게 38시간 동안 다른 거 안 하고, 밥 얼른 주워 먹고, 화장실 왔다 갔다 하는 이런 거 참고, 38시간 동안 쭉 일만 했던 거지. 진짜 계속 앉아서 일만 해. 고3 때 공부하는 것처럼.

철수 아니, 화장실 좀 갔다 오면 안 돼? 좀 휴식도 취하고 담배도 피고.

하얀돼지 워낙 급박하게 돌아가서 어쩔 수가 없어.

존슨 주말에도 많이 나가요?

하얀돼지 주말에 많이 나가는 게 정말 짜증나는데, 뭐 월급날은 고맙지. 근무수당을 주니까. 어쩔 땐 그런 생각을 하지. 차라리 야근은 안 하고.

존슨 아 야근 수당은 안 나와요?

하얀돼지 안 나와.

철수 근데 그런 회사들이 대부분이야. 대기업들도.

직장생활자의 비애를 말한다

존슨 광고 일을 하고 싶은 사람들이 많을 텐데, 지금 하고 있는 일이 그 사람들한테 추천해줄 만한 직업인 거 같아요?

하얀돼지 내 생각에 회사는 물지옥이냐 불지옥이냐의 차이야. 힘들면 힘든 대로 X같고 짜증나고. 한가하면 한가한대로 X같고 짜증나고. 나 같은 경우는 사실 좀 회의감이 많이 들긴 해. 스스로 만족감을 잘 못 느끼니까. 회의할 때도, 제작을 하면서도…… 예를 들어, 텔레비전에 내가 고생해서 만든 광고가 나오면 그게 너무 명예로운 그런 애들이 있는데, 나는 그것도 1, 2년차 때 그러고 다 질려버린 거야. 이게 무슨 뭣 같은 자존심이냐 하는 생각도 들고. 내 친구 동기 중에는 방송 안 된 기획서라도 너무나 논리에 잘 맞고, 정말 기차게 만들었네 하는 기획서를 쓰고 나면 스스로 그게 너무 만족스럽대.

철수 자위네.

하얀돼지 그치. 근데 지금 나는 그런 마음이 드는 게 오히려 부럽다고 해야 되나. 그래도 그런 애들은 고민 없이 쭉 다니겠구나, 하는 생각.

철수 현대차 홍대리 같은 놈이잖아. 조직에 몰입하는 그런 인물들.

존슨 진짜 그런 사람들은 보면 양면적인 감정이 동시에 생겨. 좀 뭐랄까, 안타깝기도 하고 한편으론 부럽기도 하고. 인생이 회사라는 조직에 매몰돼 있는 게 안타깝기도 하지만, 어쨌든 걔네들은 별 고민 없이 회사 안에서 행복할 거 아냐.

하얀돼지 조직 내에서 어떻게 해서든지 동기부여 요인을 찾는 게 좋지. 그래서 나도 작년에 동기부여를 해보려고 엄청 많이 노력했어. 사람에서 느껴볼까 아니면 그래 내가 하고 있는 일은 멋진 일이다, 세뇌도 해보고. 근데 자꾸 힘든 일이 생기고 그러니까…….

존슨 회사 다닐 때 동기부여가 안 되면 오래 다닐 수가 없지.

하얀 돼지 그래서 지금 휴직을 낸 상태야. 내가 무섭다고 느낀 게 뭐냐면 공무원 같은 건 진짜 힘들고 그래도 비비고 앉아 있으면 보장된 삶이란 게 있잖아. 그래 그냥 참아버리자. 근데 대기업이란 조직은 피라미드잖아. 신입 때는 윗사람들 중 나머지 사람들은 다 어디 갔을까 하는 되게 순진한 생각을 했는데, 보니까 마흔 중반 정도만 돼도, 점점점점 후두둑 후두둑 후두둑 후두둑. 결국에는 25년 일하고 나머지 30년 먹고살 돈을 벌어야 된다는 건데. 그게 얼마나 무서워.

존슨 요즘은 오래 살잖아. 40대 중반에 퇴직하면 50년은 더 살아야 돼. 근데 어떻게 잘리는 거야?

하얀 돼지 털어서 먼지 안 나는 놈이 없는데 뭐. 그러니까 이런 식이야. 내가 만약 회사를 다닌다, 근데 내가 무능해져서 자르고 싶어. 그러면 이유를 찾아내는 거야. 너 몇 년 전에, 너 18년 전에 그 뭐냐 철수, 존슨 거기 방송에 나가서 회사 욕하고 그랬잖아, 뭐 이런 거. 근데 어느 회사나 다 마찬가지잖아. 자르려고 마음먹으면 진짜 성인군자가 아닌 이상.

존슨 나는 군자인데.

하얀 돼지 ……너 그냥 여기서 이러고 있는 것도 다 트집이 되는 거야.

존슨 그럼 오늘 부로 방송 접자.

철수 야, 근데 그런 거 하기엔 은행이 진짜 쉬워. 은행이 원래 고객의 도장이나 신분증 사본 받아놓으면 안 되는데 다 받잖아. 귀찮으니까 복사해서 뽑아놨던 거, 그냥 사본 갖다가 처리하거든. 옛날에 제출했던 걸로. 니네 신분증 사본이 다 은행에 보관이 돼 있어. 이미 파일로. 그래서 그걸 그냥 인쇄를 해. 그래서 그걸 첨부해서 통장을 만들고, 카드를 만들고 하는 거야. 직접 안 와도. 원래 직접 와야 되는 거거든.

존슨 그런 게 하나하나 다 걸릴 수가 있다는 거야?

철수 어. 만약에 잘못하잖아? 그럼 너 이거 사본 왜 받았어? 이런 식으로 그냥.

하얀 돼지 맞아. 어디나 다 마찬가지야.

은행권 취업의
모든 걸 밝히러 온 돌취

철수　자, 오늘 초대석에는 정말 모시기 어려운 분을 모셨습니다!

존슨　맨날 모시는 분 아닌가?

철수　(웃음) 이 시키야, 가만있어. 암튼 국내 최대금융그룹에 속한 S은행을 다니다 퇴사한 베테랑 돌취, 김주임을 모셨습니다. 안녕하세요!

김주임　네, 안녕하세요.

철수　간단히 자기소개 좀 해주실까요?

김주임　네, 쑥스럽지만 한때 국내최대금융그룹 소속 은행에서 견마지로를 다하고 현재는 취업준비중인 베테랑 돌취 김주임입니다. (웃음)

존슨　음 어디서 많이 들어본 소개말인데. (웃음) 벌써 눈치 채신 분 있으실 듯. 근데 김 주임? 주임은 당시 직급인가요?

김주임　아 제가 있던 은행에서는 행원들을 다 '주임'이라고 칭했어요.

존슨　아 그렇구만.

철수　자, 그럼 바쁘신 분이니까 바로 본론으로 들어가자고. 은행은 얼마나 다니고 퇴사하신 건가요?

김주임   네. 그러니까 2011년 상반기에 합격해서 2012년 상반기에 퇴사를 했으니 1년 가까이 다닌 셈이네요.

존슨   아, 1년을 못 버티고?

김주임   못 버틴 게 아니라 안 버티고. (웃음)

존슨   음. 그렇죠. (웃음)

철수   그럼 그 당시에는 지점에 있었던 건가요?

김주임   네. 제가 있던 은행은 정책상 신입은 거의 전부 지점으로 간다고 보면 되요. 본사 IT쪽으로 보낼 두세 명 빼고는 당시 다 지점으로 배치 받았죠.

존슨   지점이 더 힘든 건가요?

김주임   뭐 장단점이 있죠. 근데 본점으로 배치 받으면 왠지 가오가 좀 사니까. (웃음) 출입증 같은 거 걸고 다니고 그러죠. 걔들만.

철수   아. 신입 연수 때 시험 성적 잘 받고 못 받고에 따라 본점 가는 게 아니구만?

김주임   그렇죠. 그거 뭐 연수에서는 잔뜩 그걸로 겁 주는데 별 의미 없는 거 같아요. 대부분 집 가까운 지점에 배치 받거든요. 간혹 강남이나 시내에 있는 주요 지점에 배치 받고 싶어 하는 애들 빼면요.

철수   그런 데를 왜 굳이 가고 싶어 하죠? 집도 먼데.

김주임   확인된 사실은 아니지만, 내부적으로 소위 말하는 그런 기깔나는 지역의 지점에서 시작해야 승진도 잘되고 나중에 본점도 잘 간다는 속설이 있어요. 사실인지는 아무도 모르고요. 그냥 그런 풍문에 휩쓸려 한두 시간 걸리는 먼 주요 지점으로 배치받길 원하는 거죠.

존슨 아오. 진짜 이해할 수가 없네. 출퇴근 편한 게 최곤데.

철수 그러니까. 아오. 그럼 여기서 잠깐 은행 취업 얘기 좀 해보죠. 입사 당시 스펙이 어떻게 됐어요?

김주임 음. 일단 저는 소위 '중경외시(중앙대 · 경희대 · 한국외대 · 서울시립대)'라고 말하는 데 중의 한 군데를 나왔고 전공은 법정계열.

존슨 아 상경계가 아니네요?

김주임 네. 막상 들어가 보면 은행 입사한 애들 전공이 제일 화려해요. 상경, 법, 식품영양학과, 공대 등등 고색창연하죠. (웃음)

철수 이야. 의왼데요? 왠지 은행하면 상경계 애들이 즐비할 거 같은 이미지인데.

존슨 뭘 모른 척이야, 색기야. 너도 다녀봤잖아.

철수 아. 암튼. 다시 본론으로 돌아가서. 그럼 영어성적이나 다른 스펙은 어땠어요?

김주임 사실 남들이 말하는 스펙은 비루하죠. 토익은 800 갓 넘었고 자격증은 하나도 없었고요. 남들 다하는 어학연수니 금융권 인턴이니 대외활동이니 하나도 없었어요. 다만 좀 특이한 경험은 있었죠. 책을 냈다던가, 잡지사에 인턴으로 잠깐 있었다던가 그 정도?

존슨 아. 누구 경력이랑 굉장히 비슷하네요? 거의 자아분열 수준…….

철수 닥쳐. 이 시키야. (웃음)

존슨 지나치게 흥분하는구만. 그럼 당시 다른 동기들은 어땠어요?

김주임 걔들도 천차만별이었죠. 일단 나이부터가. 당시 서른 세 살이었나?

암튼 나이 제일 많은 형이 그 정도였고 스물 대여섯, 대학 갓 졸업한 애들도 있었고. 전 당시 스물여덟이었는데 딱 중간이었던 거 같아요. 그리고 스펙도 다양했죠. 토익 점수 700점대 애들도 꽤 있었고, 외국에서 자동차 정비공하다 온 애도 있었고, 지방대 출신도 있고 갑부 집 아들내미도 있고. 암튼 다양했어요.

철수 그렇구만. 왠지 은행하면 딱 상경계 애들에 서울대나 연고대 애들이 대부분일거 같았는데.

김주임 그게 좀 오해 같아요. 일반 대기업 가면 서울대 출신들 꽤 된다고 하잖아요? 근데 은행은 오히려 그게 적어요. 저 때도 200명 이상이 동기였는데 그중 서울대는 한 명이었죠.

존슨 아 그래요?

김주임 네. 왜냐면 지점에서 영업을 존나게 굴리니깐. 그런 애들이 아예 지원을 안 하거나 금방 때려치우죠. 실제로 제 친구도 서울대 경제학과 나왔는데 은행은 산업은행 빼고는 아예 지원도 안 하더라고요. 구리다고. 제가 은행 붙었다니깐 가지 말랬어요. (웃음)

철수 그래도 그 놈들은 갈 데 많으니깐. 마리 앙투아네트 같은 시키들.

눈물겨운 은행의 사생활

철수 근데 지점 생활이 그렇게 힘들어요? 네 시에 셔터 내리면 바로 칼퇴 아닌가요?

김주임 그게 제일 큰 오해죠. 저도 연수받을 때 인사부에서 평균 퇴근시간이 8시 전이라고 들었거든요. 근데 실제로 1년 가까이 근무하면서 8시 전에 퇴근한 적은 잘 없었어요. 대부분 11시 전후였죠. 더 X같은 건 출근이 빠르면 7시, 늦어도 7시 반 까지 해야 되는 거예요. 평균 14시간 이상을 거기 있었던 거죠.

존슨 아니. 그렇게 오랫동안 뭘해요?

김주임 사실 전 신입이라 그렇게 일이 많지는 않았는데 선배 직원들이 대출업무나 기업업무 때문에 퇴근을 못 했죠. 주말에도 종종 나갔고. 저는 덩달아 못 간 부분이 있었죠. 일찍 가면 뭐라고 하니까.

철수 엄청나네.

존슨 그러게. 그래도 정년보장은 다 해주지 않아요?

김주임 그것도 옛말이라고 하더라고요. 실제로 제가 있던 지점에서 쉰 살을 앞둔 부지점장이 잘렸어요.

존슨 마흔 아홉 살?

김주임 네.

철수 왜요?

김주임 글쎄요. 나름 실적도 좋고 본사생활도 꽤 오래해서 인정받는 사람인 줄 알았는데 지점장 승진이 좀 늦어져서 잘린 거 같더라고요. 엄밀히 말하면 해고는 아니고 권고사직이었죠. 그렇게 승진이 좀 늦어지거나 은행 눈 밖에 난 사람들이 메일을 받는대요. 나가라고. 그 메일 받고 제 발로 안 나가면 이제 숙청의 피바람이 부는 거죠.

존슨 아니 시발 마흔 아홉에 내보내서 뭐 먹고 살라고. 그 사람이랑 연락해요?

김주임 아니요. 제가 그 사람 존나 싫어했어요. (웃음) 뭐 그래도 나가랄 때 나가면 퇴직금은 두둑이 챙겨준다니까. 치킨이라도 굽고 있겠죠. 근데 은행 다니는 사람들의 걱정이 그거예요. 전문성이 없어. 솔직히 은행원들이 제일 잘하는 게 카드 팔고 보험 팔고 대출상품 파는 건데, 이런 데 전문성이 어디 있어요? 이런 건 이직도 안 돼요. 어느 기업이 좋아하겠어요. 그렇다고 그 배운 도둑질로 은행을 새로 차리겠어요? 말도 안 되죠. 그러니까 잘리면 발등에 불 떨어지는 거고 먹고 살려면 결국 빵집이나 치킨집으로 내몰리는 거죠. 이런 문제에 대해서는 아무도 관심이 없어. 은행 안이나 밖이나.

철수 아니 씨바. 지금 너무 취준생들의 환상을 깼어. 좋은 얘기 좀 하죠.

존슨 니가 일부러 그 환상을 깨고 싶어하는 거 같은데? 너 뭐 은행에 불만 있냐?

철수 뭔 개소리야. (웃음) 그래도 은행 돈은 엄청 챙겨주잖아요?

김주임 그렇죠. 짭짤하다 못해 쓴 맛나죠.

철수 캬. 난 지금 마음이라면 그 돈 주면 견마지로를 다할 거 같애.

존슨 너 퇴사한 거 후회하는 거 같은데?

철수 그건 아닌데 요즘 가끔…… 농담이야, 농담. (웃음)

존슨 그럼 월급이 대충 얼마 정도?

김주임 월급 자체는 많지 않아요. 한 달에 한 250정도? 근데 상여가 좀 자주 들어오고 주식으로 엄청 찔러줘요. 실제로 제 동기가 지난해 2년 차에 벌써 연봉 6천만 원을 훌쩍 넘은 애들도 있더라고요. 주식

같은 거 다 포함해서.

존슨 억대연봉 그냥 넘겠네. 아으.

철수 그러게. 젊은 놈들한테 그렇게 쉽게 돈 쥐어주면 안 되는데.

김주임 쉽게는 아니고. (웃음)

철수 근데 왜 나왔어요? 역시 일이 많아서?

김주임 뭐 그런 것도 있고. 사실 마음의 정리를 다 하고 나온 건 아니에요. '여기를 나가서 뭘 하겠다' 이건 아니었고.

존슨 그럼요? 그냥 홧김에 나온 거예요?

김주임 홧김까지는 아니고. 제가 집이 부유하지는 않아도 사실 그동안 부모님 속 썩여가며 하고 싶은 걸 쭉 해왔거든요. 밴드 활동도 하고, 책도 쓰고, 친구 사업도 도와주고. 근데 처음으로 제가 정말 싫어하는 일을 하게 된 거예요. 생각지도 못한 금융 쪽 일을. 게다가 그때 제 선배 직원들이 사는 모습을 보니까 더 암담해지더라고요.

철수 왜요? 돈 엄청나게 벌 거 아니에요.

김주임 그런 문제가 아니라. 단적인 예로, 제가 있던 지점에 차장님이 한 분 계셨어요. 뭐 50을 바라보는 나이였죠. 근데 집에 안 들어가요. 일이 많은 날도 있지만, 일이 없어도 지점에서 TV 보면서 밍기적거리고. 그래서 제가 물어봤죠. 집에 들어가서 쉬는 게 좋지 않냐고. 근데 대답이 가관이에요. 자기는 집이 불편하대요. 자기 자식이 당시 고3인데 자기가 들어가면 애 엄마도 그렇고 애도 그렇고 그렇게 눈치를 준대요. 그래서 집에는 잘 시간에 들어가서 잠만 자는 게 마음 편하다고 하더라고요. 밥 얻어먹기도 눈치 보인대요. 밥은 무조건 지점에서 해결했죠.

존슨 야 시발. 눈물겨운 가장의 모습이구만. 내가 저 마음 알지.

철수 왜? 너 벌써 눈치 보냐?

존슨 그럼. 그래서 내가 맨날 회사에서 밥 먹고 집에 들어가는 거 아냐.

철수 아유 빙신아.

김주임 아 결혼하셨나 봐요? (웃음)

존슨 그런 셈이죠.

철수 암튼 그 차장님을 보고 왠지 나도 저렇게 될 수 있겠다는 마음이 든 건가요?

김주임 그렇죠. 이 직장에서 충성을 다하면 저렇게 집과 가족이 멀어지는 인생이 될 수도 있겠구나.

철수 근데 진짜 X같네. 수십 년간 뼈 빠지게 돈 벌어서 집 사고 차 사고 여태 맛있는 밥 먹여줬더니 이제 와서 가장을 밖으로 내몰아. 씨바.

존슨 내몬 게 아니라 자기가 그렇게 만든 거지. 병신아.

철수 아니 근데 어쩔 수 없잖아? 그런 생활을 강요하는 직장에서, 다른 선택의 여지가 없잖아.

존슨 그래도 이 색기야. 눈치 좀 봐가면서. 어? 다 요령이 있어.

김주임 그렇게 요령 피우다가 마흔 아홉 살에 잘리겠죠.

존슨 그건 그때 가서. (웃음)

김주임 암튼 결론적으로 행복해지려고 나왔어요. 뭔가 내가 원하는 걸 해서 행복해지려고 나온 게 아니라, 내가 정말 싫어하는 걸 안 한다면 행복해질 수 있겠다, 아니 적어도 불행하지는 않겠다, 라는 생각으로 퇴사를 결심했죠.

존슨 그래도 부모님이 좀 반대하지 않았어요?

김주임 뭐 좀 있었죠. (웃음) 특히 아버지가 좀. 그런데 어머니가 오히려 그렇게 고생하면서 힘들게 살지 말고, 고생하더라도 내가 좋아하는 일을 하면서 살라고 하시더라고요. 그게 나한테 어울린다고. 의외였죠. 전 머리끄덩이 잡힐 줄 알았거든요.

존슨 신사임당이시네요.

철수 유관순이지.

존슨 뭔 소리야? 이 색기야. 근데 은행에서 김주임처럼 나오는 사람들이 실제로 많나요?

김주임 요즘엔 그렇게 많지 않은 거 같아요. 이명박 정부 때 은행 연봉을 30프로 가까이 삭감했을 때에는 엄청 나갔다고 들었거든요. 근데 저희 때부터 연봉이 회복되면서 이전처럼 나가지는 않는 거 같아요. 처음 200명 중 연수 때 뛰쳐나간 애들까지 합하면 지금까지 아마 한 스무 명 가까이 나갔을 듯하네요.

존슨 1년 내 10프로 나간 거면 많은 거 아닌가?

철수 요즘 다른 기업들도 다 그만큼 나가는데 뭐. 유난히 많이 나가지는 않는 거 같구만. 다른 동기들 다니는 거 보면 어때요? 김주임은 계속 취업준비하고 있는데.

김주임 아 뭐 그런 걸 물어요? (웃음) 가뜩이나 요즘 그 은행 야근 없어져서 애들 엄청 빨리 끝나더라고요. 그런 거 보면 배 아프죠.

철수 아. (웃음) 일 년만 더 참으시지.

김주임 근데 뭐 일단 저는 제가 더 잘할 수 있는 일이 있다고 생각하니까요. 그리고 사실 은행에 있을 당시에 동기들을 보면서 퇴사할 생각을 확실하게 굳혔던 거 같아요. 제 주변 뿐 아니라 별로 안 친했던 동기들까지도 모이기만 하면 그렇게 은행 자체, 혹은 지점 욕들을 해댔어요. 그런 걸 보는 게 그렇게 유쾌하진 않았죠.

존슨 그런 건 다 그런 거 아닌가?

김주임 근데 정작 나갈 생각은 눈곱만큼도 안 하면서 그렇게 원색적인 비난을 하는 게 저는 좀 보기 그랬어요. 그래서 그런 자리에서 종종 제가 욕하는 애들한테 그럴 거면 나가라고 했거든요. 그러면 또 분위기 싸해지죠. (웃음) 근데 정말 그래요. 그렇게 싫으면 나가면 되잖아요. 그렇게 나갈 용기도, 능력도 없으면 그냥 거기 만족하고 살아야 되는 거고요. 뭣도 없는 사람들이 자기가 속한 조직을 경멸하는 건 결국 자기 자신을 경멸하는 거 같다는 생각이 들더라고요. 그래서 전 그 굴레를 좀 벗어나고 싶었던 거고요.

철수 말이 좀 어렵네요. 좀 쉬운 얘기로 넘어가죠. 은행 입사 시에 외모가 중요하다는 말이 있는데 어떻게 생각하세요?

김주임 음. 뭐 제가 뽑힌 거 보고 그런 오해를 하는 분이 많으시겠지만.

철수 저흰 이미 오해로 결론 내리고 있었습니다.

김주임 (웃음) 암튼 외모는 크게 중요하지 않습니다. 정말 추남추녀들이 대부분이었거든요. 다만 특출 나게 예쁘고 잘생긴 사람들이 간혹 있긴 했지요. 미스코리아 출신 여자애도 하나 있었어요.

존슨 오 진짜요? 저 사인 좀.

김주임 근데 걔도 그만뒀다고 하더라고요. 처음부터 화제의 중심이었죠. 연수 때 미스코리아 대회 준비한다고 반 이상을 안 나왔어요. 원래 그렇게 연수과정 참여 안 하면 입사 취소시켜야 되는데 걔는 특별 대우로 그냥 넘어가서 그때 말이 많았죠. 근데 예쁘니 누구 하나 말도 못 하고. 암튼 그랬어요. 걔 외에는 그냥 대부분 키 작고 평균 이하의 외모를 가지고 있다고 생각하시면 될 거 같아요. 외모 절대 상관없습니다! 다만 체중은 웬만하면 좀 관리하시길. 은행 입사 뿐 아니라 사회생활 하는데도 중요하잖아요. 뚱뚱한 이성을 좋아하는 사람은 없거든요.

철수 경식이는 좋아하는데. (웃음)

존슨 그 색기는 뭐. 그럼 지금 계속 취업준비하시는 건가요?

김주임 네. 나름 베테랑 돌취를 자부하는데 한 100여 개의 회사 광탈 중에 있습니다. 쉽지 않네요.

돌취는 후회하지 않는다

철수 그럼 아까도 잠깐 얘기했는데, 후회 안하세요?

김주임 그런 생각이 전혀 안 든다면 거짓말이죠. 엊그제처럼 서류 광탈한 날이나 동기들 얘기 들으면 가끔 내가 잘못 선택했나 생각이 들 때가 있어요. 그런데 얼마 전에 책을 보니까 그런 말이 있더라고요. '인생에서의 어떤 결정은 그 일을 회고할 수 있을 때나 잘했는지 못

했는지 결론내릴 수 있다.' 그러니까 아직 전 결론 내리기 이른 거죠. 그래서 그냥 덮어놓고 보류 중이예요. 일단은 뭔가를 좀 해보고 더 나중에 결론 내려야죠.

존슨 아전인수의 달인이시네여.

김주임 달인이라면 달인이고. (웃음) 그리고 〈뻐꾸기 둥지 위로 날아간 새〉라는 영화에서 잭 니콜슨이 그 하수구 기둥 같은 거 뽑으려다 실패하고는 그러잖아요. '적어도 나는 시도는 해봤다고.' 저도 눈만 뜨면 자기비하만 하는 애들은 못할 행동을 했다는 거에 대해서는 만족해요. 언제 죽을 지도 모르는데 뭐라도 해봐야죠.

철수 맞아. 나도 공감이야. 나도 그래서 나왔어. 이제 우리가 나이를 먹어가면서 선택을 할 수 있는 폭이 점점 좁아져. 할 수 있는 게 그만큼 사라지거든. 그러니까 그 폭이 그나마 좀 남아 있을 때 뭐라도 더 해보는 게 더 값진 거 같애. 나도 그래서 나왔어.

존슨 그래서 아직도 이러고 있는거구만.

철수 이게 뭐 어때서, 이 시키야!

김주임 암튼 가끔 거기 동기들 만날 때가 있는데 그때마다 걔들이 그래요. 지금 내가 행복지수는 제일 높을 거라고. 이 행복이 바로 그런 선택과 행동에 대한 대가겠죠.

존슨 굉장히 긍정적이시네요. 암튼 이제 은행에 대해 좋은 얘기 좀 해줘요. 취준생들을 위해.

김주임 좋은 점도 많죠. 배울 점도 많고. 무엇보다 아까 말했던 경제적인 부분이 제일 큰 장점이고요. 그리고 일단 거기 인사부가 총독부라고 불릴 만큼 조직 관리를 철저히 해서 그런지 좋은 사람이 많아요. 제가 있던 지점에서도 원래 있던 지점장이나 차장, 과장들은 좋은 사람들이었어요. 자기 맡은 일에 최선을 다하면서 가정을 꾸려가는 모습도 왠지 멋있어 보였고. 특히 제가 1년 남짓 그 깽판을 쳤는데도 끝까지 아쉬워해주고 나가서도 연락해주는 거 보면서 세상은 아직 밝다는 생각을 했죠. (웃음)

철수　나가줘서 고맙다는 생각에서 그런 걸 거예요. (웃음)

존슨　그렇지.

철수　그럼 앞으로 계획이 어떻게 되세요? 그냥 계속 취업준비?

김주임　그렇죠. 일단은.

존슨　그러다 애 꼴 나요.

철수　조심하세요.

김주임　그럼 큰일 나는데. (웃음)

존슨　그럼 어떤 쪽으로 다시 취업하고 싶으세요?

김주임　일단은 아무 데라도 이젠 좀 가고 싶어요. 너무 놀았어. (웃음)

철수　다른 은행들도 쓰고?

김주임　은행은 안 쓰고 금융권은 간간이 쓰고 있죠. 카드나 자산운용, 보험사 같은데. 원래 금융권은 아예 안 쓰려고 했는데 일반 기업은 서류 붙는 것도 그렇게 어렵더라고요. 그래서 가리지 않고 다 쓰는 중이에요.

존슨　쓸쓸하구만. 그럼 그중에서 제일 가고 싶은 데는?

김주임　대학내일이요. (웃음)

존슨   누구랑 정말 비슷하네요. 엄청난 자아분열. (웃음)

철수   그러게. (웃음)

은행 취업에 목매는 이들에게

철수   그럼 지금 은행 취업에 목매는 취준생들에게 한마디 한다면?

김주임   음. 다시 생각해보라고? (웃음) 농담이고요. 사실 은행, 좋은 직장이죠. 연봉 높고 복지 좋고 대기업에 비하면 그나마 고용 안정성도 지켜지는 편이고. 직장으로서 이 정도 장점이면 다 된 거죠. 근데 그런 것보다 은행에 입사하면 무슨 업무를 하는지 알고 들어가는 게 더 중요해요. 과연 자기랑 잘 맞는지가 가장 중요한 거죠. 일반 대기업처럼 다양한 업무를 하긴 사실 좀 힘들거든요. 90프로 이상이 지점에서 근무해야 되니까요. 지금은 잘 모르겠는데 그 당시 지원자 백이면 백, 전부 PB 되고 싶다고 지원했어요. 무슨 금융전문가 이딴 꿈을 가지고. 근데 들어가보세요. 금융전문가가 어딨어. (웃음) 금융전문가 되려면 대학원이나 증권사 가야죠. 은행은 그냥 영업사원이에요. 카드 팔고 보험 팔고 펀드 팔고, 나중에는 대출도 팔고. 그런 영업사원이 과연 자기한테 맞는가. 준비하더라도 그걸 인지하고 준비했으면 좋겠어요.

철수   캬 좋은 말이네. 받아 적어, 이 시키야.

존슨   난 뭐 은행에서 모셔 간다고 해도 안 갈 건데?

철수 음. 그래. 사실 오늘 나와서 한 말이 은행 X같다는 얘기밖에 안한 거 같은데? (웃음)

김주임 그런가요? 나름 중립을 유지하려고 애썼는데. (웃음)

존슨 아냐. 근데 여태 취준생들이 은행이라는 조직에 대해서 비정상적으로 환상을 가지고 있으니까. 그런 인식을 중립적으로 고치려면 이 정도의 얘기는 필요하다고 봐.

김주임 그렇죠. 이런 어두운 면은 아무도 보려고 하지 않아. 그냥 앞만 보는 경주마처럼 은행에 취업만 하면 인생이 끝날 줄 아니까. 그렇게 불행한 인생이 또 시작되는 거지. 그런 좀 어떻게 보면 멍청하고 어떻게 보면 순진한 취준생에게 조금이나마 도움이 됐으면 하네요.

Whatever _ 오아시스

I'm free to be whatever I 난 자유로워 내가 무엇이 되든지

Whatever I choose 뭘 선택하든

And I'll sing the blues if I want 내가 블루스를 부르고 싶으면 부를 거야

I'm free to say whatever I 난 자유롭게 말해 내가 뭐가 되든

Whatever I like 뭘 좋아하든

If it's wrong or right it's alright 그게 정답이든 아니든 상관없어

Always seems to me 나에겐 그렇게 보여

You always see what people want you to see 넌 항상 사람들이 너
에게 원하는 모습만 보려 하지

How long's it gonna be 그게 얼마나 오래 가겠니?

Before we get on the bus 우리가 버스에 오르기 전까지만 해도

And cause no fuss 아무 문제없었잖아

Get a grip on yourself 정신 좀 차려

It dont cost much 많은 대가가 필요한 게 아니야

Free to be whatever you 네가 무엇이 되든지 자유롭게 해

Whatever you say 네가 뭘 말하든

If it comes my way it's alright 자신의 방식대로 그게 옳은 거야

You're free to be wherever you 네가 무엇이 되는지는 너의 자유야

Wherever you please 네가 뭘 원하든지

You can shoot the breeze if you want 하고 싶은 말이 있다면 다 해

Here in my mind 내 생각에

You know you might find 넌 뭘 찾아야 하는지 알고 있어

Something that you 너 자신

You thought you once knew 한때 알고 있다고 생각했지만

But now it's all gone 지금은 다 사라져버린

…

Whatever you do 네가 무얼 하든

Whatever you say 무얼 말하든

Yeah I know it's alright 난 그게 옳다 생각해

존슨   이 노래를 선택한 특별한 이유는?

철수   그냥 모두가 좀 힘냈으면 좋겠다는 거지. 노래 가사를 보면, 내가 무슨 말을 하든 무슨 행동을 하든, 나는 나니까. 있는 그대로의 나. 다 같이 듣고 좀 파이팅하자는 의미에서.

존슨   그래. 다들 그냥 한번 들어봅시다. 이건 영어라서 길게 설명하기 곤란해.

철수   (웃음)

철수의 말:
취업 찌질이여, 전승하시길!

이제 곧 1년이다. 호기롭게 퇴사하고 다시 취업을 준비하며 〈취업학개론〉
이라는 해적방송을 시작한 지.

모두가 알겠지만 시작은 미약하다 못해 구렸다. 자취방에 처박혀 깡소
주로 시시콜콜한 농담과 현실에 대한 비아냥으로 권태로운 일상이 이어지
자 뭔가 새로운 놀이가 필요했고 그때 스마트폰이 옆에 있었을 뿐이었다.
그렇게 우린 우리 이야기들을 녹음했고 재미삼아 온라인상에 올려봤다.
그 이후의 일들은 여러분이 알고 있는 대로다.

녹음파일 편집하는 법을 몰라 초창기에는 편집 없이 그대로 녹음본이
업로드됐다. 지금 들어도 형편없고 두서없다. 페이스북 역시 난생 처음으
로 가입해서 주커버그 욕 해가며 하나하나 배워갔다. 당시 우리 방송을 들
은 주변 사람들은 대부분 코웃음 치거나 무시했다. 어쩌면 그런 반응들이
우리의 오기를 키워준 것일지도 모르겠다.

그 오기인지 뭔지 모를 감정으로 술 먹고 자소서를 쓰는 틈틈이 언론사

기자들에게 무자비한 취재요청 메일도 보냈고, 페이스북 및 여러 취업 포털에 불도저식 홍보도 감행했다. 대부분의 취업 포털에서 강퇴 당하고 페이스북 친구요청은 금지됐지만 결국 우리도 모르게 일은 터졌다. 주간동아를 시작으로 한겨레, 연합뉴스, 오마이뉴스 등에 우리 방송이 소개된 것이다!

네이버, 다음 등 주요 포털의 메인을 〈취업학개론〉이 장식한 그날의 묘한 흥분은 아직도 잊을 수 없다. 돈을 번 것도, 취업에 골인한 것도 아니었지만 우리들에 대한 피드백을 읽으며 뭔가를 이뤄냈다는 성취감에 축배를 들었다. 그리고 이어진 지상파 라디오 출연도 기억에 남는 경험이었고 모 출판사와의 제휴 이벤트, 그리고 애청자가 보내준 미제 과자 선물도 잊을 수 없다.

사실 이 책이나 우리 방송이 취업을 위한 특급정보나 비기를 알려주진 않는다. 우리도 모른다. 그런 건. 다만 『취업학개론』이 언젠가 한번은 뜨거웠지만 취업전선에서 재수 없게 좌절해 방구석에서 꺼져가고 있는, 자괴감에 빠져있는 누군가에게 시너 같은 존재가 됐으면 한다. 그들이 이 책을 읽고 다시 한 번 불 붙어 자소서를 쓴다든가, X같은 취업 때려치우고 창업을 한다든가(적극 추천한다), 그것도 아니면 방구석에서 나와 우리처럼 매일 싸구려 술이라도 마시길 바란다. 그게 당신들의 마지막 청춘을 위한 최소한의 예의이자 최선이리라 믿는다.

늘 하는 말이지만 '취업은 청춘의 끝, 결혼은 인생의 끝'이다. 찌질하게 혼자 인생 한탄만 하지 말고 그대들 인생의 정점을 어떻게 해서든 즐기길 바란다.

마지막으로 이 책을 읽고도 여전히 취업만을 꿈이라 여기며 현재를 비관하는 한심한 청춘들에게는 욕 한바가지를 바친다. 지금보다 더 나은 미래는 없다는 말과 함께. 그대들이 생각하는 밝은 미래는 없다.

그럼에도 다들 잘 될 거다. 적어도 나보다는.
건승하시길!

존슨의 말:
우리의 잘못이 아니다

벌써 일년입니다. 철수와 존슨의 광탈 레이스가 시작된 게.

처음이라 그래, 며칠 뒤엔 괜찮아지긴 개뿔. '귀하의 뛰어난 역량에도 불구하고'로 시작되는 불합격 통보에 아직도 단단해지지 못한 가슴들이 찢어지는 걸, 누가 뭐래도 저희는 알고 있습니다. 지난 일년 동안 누구 못지않은 광탈의 터널을 지나온 저희니까요. 지금도 소주 몇 잔에 대성통곡하는 철수를 간신히 달래고 집으로 돌아온 참입니다.

탈락과 불합격. 마주할 때마다 참 뒷맛이 씁니다. 왜 우리는 그들의 편의를 위해 일렬로 세워지고, 번호가 매겨지는 걸까요. 분명 길이 하나만 있는 것은 아닐 텐데 왜 우리는 같은 코스에서 같은 지점만을 바라보며 숨을 헐떡이는 걸까요. 주위를 둘러보며 천천히 걷고 싶은 사람도 있을 테고, 아예 뒷걸음질 치고 싶은 사람도 있을 텐데 왜 우리는 모두 앞을 향한 달음박질만을 강요 받는 걸까요. 어쩌면 그들이 지정해놓은 경계에서 벗어나지 못

하고 그 안에서만 박 터지게 싸우고 있는 우리들이 모자란 건가요? 하지만 그건 우리가 스스로를 반성하는 자책사유가 될 수는 있을지언정, 그들이 우리를 책망할 근거가 될 수는 없는 거잖아요?

그래서 그런 생각을 해봤습니다.

이렇게 우리가 계속 '탈락'하는 것이 실은 우리의 잘못은 아닐 거라고.

분명 이건 우리의 잘못은 아니라고.

자소서만 쓰다 보니 쓸데없이 글이 길어지네요. 보아하니 이쯤이면 700자 정도 된 것 같습니다. 제가 하고 싶은 말은 그냥 우리, 기죽지 말자는 말입니다. 우리의 잘못이 아닙니다. 정말입니다. 그러니 취업 안 된다고 괜한 죄책감 갖지 말고, 눈치 보지도 말고, 좀 즐겁게 살아요, 우리.

방구석에 처박혀서 결과 발표 페이지를 띄워놓고 F5만 계속 눌러대기엔, 소주 마시다 보름 전에 탈락한 기억이 불현듯 떠올라 꺽꺽대기엔 우리들의 이 타오르는 몸뚱아리가 너무 아깝지 않나요? 지금은 놀 때가 아니라는 분들. 대입준비로 학창시절 보내고, 취업 대비 학점 관리로 대학시절 보내고, 군대에서 뻥이치며 2년 보내고, 지금은 또 자소서 쓰랴, 스터디 하랴, 밤낮으로 걱정에 잠도 못 이루고, 설혹 취업이 된 뒤에도 20, 30년 눈치 보며 이어질 조직생활이 기다리는 이 인생에 지금!이 아니면 언제 마음 놓고 놀아보겠나요.

이 엿 같은 상황에서 뭘 즐길 수 있겠냐 싶으시겠지만, 저희를 한번 보세요. 이렇게 술 마시면서 이빨만 털다가 책까지 냈잖아요? 저희도 처음엔 두려웠습니다. 또 한 번의 취업준비를 앞두고 또 한 번 거쳐야 할 지루함과 권태가 가장 두려웠죠. 앞서 경험했던 취업 준비과정에서 이미 지독한 외로움과 지루함을 겪었기에, 이번에 또 그것을 반복하고 싶진 않았습니다.

그렇게 용을 쓰다 보니 탄생한 게 이 '취업학개론'이네요. 어떻게 들으셨고, 어떻게 봐주셨을지 모르겠지만, 욕설이 난무하는 이 비루한 음주방송이 적어도 저희들에겐 훌륭한 해방구가 되어줬습니다. 나중엔 어처구니없게도 방송을 위해 자소서를 즐거이 쓰는 일까지 벌어졌으니까요.

이런 저희도 뭔가를 해냈으니, 여러분도 분명 여러분의 해방구를 만들어 이 광탈의 시간을 즐기실 수 있을 겁니다. 이 재미없고, 사람 같지 않은 세상에서 좀 즐겁게, 좀 사람처럼 살고 싶은 취준생들에게 『취업학개론』이 귀여운 도우미가 되어줬으면 합니다.

그럼 ㅅㄱ염.

취업학개론

초판 1쇄 인쇄 2013년 7월 25일
초판 1쇄 발행 2013년 7월 30일

지은이 철수 · 존슨
펴낸이 김선식

Editing creator 한보라
Design creator 황정민
Marketing creator 이주화
크로스 교정 박지아

1st Creative Story Dept. 황정민, 한보라, 박지아, 노준승, 변민아
Creative Marketing Dept. 최창규, 이주화, 이상혁, 박현미, 백미숙
      Public Relation Team 서선행
      Contents Rights Team 김미영
Creative Management Team 김성자, 송현주, 권송이, 윤이경, 김민아, 한선미

펴낸곳 다산북스
주소 경기도 파주시 회동길 37-14 3, 4층
전화 02-702-1724(기획편집) 02-6217-1726(마케팅) 02-704-1724(경영지원)
팩스 02-703-2219
이메일 dasanbooks@hanmail.net
홈페이지 www.dasanbooks.com
출판등록 2005년 12월 23일 제313-2005-00277호

종이 월드페이퍼(주)
출력 · 제본 스크린 그래픽

ISBN 978-89-6370-988-8 (13320)

이 도서의 국립중앙도서관 출판시도서목록(CIP)은 서지정보유통지원시스템 홈페이지(http://seoji.nl.go.kr)와
국가자료공동목록시스템(http://www.nl.go.kr/kolisnet)에서 이용하실 수 있습니다. (CIP제어번호 : CIP2013012068)